暨南大学产业经济研究院专著系列

本专著系列出版受暨南大学"211项目"资助

教育部人文社科基金青年项目（批准号：10YJC790130）

浙江省自然科学基金面上项目（批准号：LY13G020002） 资助

混合寡头理论及其应用

李 杰/著

经济科学出版社

图书在版编目（CIP）数据

混合寡头理论及其应用/李杰著．—北京：经济科学
出版社，2014.3
（暨南大学产业经济研究院专著系列）
ISBN 978 - 7 - 5141 - 4403 - 1

Ⅰ．①混…　Ⅱ．①李…　Ⅲ．①国有企业 - 民营化 -
研究 - 中国　Ⅳ．①F279. 241

中国版本图书馆 CIP 数据核字（2014）第 042240 号

责任编辑：杜　鹏
责任校对：杨晓莹
责任印制：邱　天

混合寡头理论及其应用
李　杰/著
经济科学出版社出版、发行　新华书店经销
社址：北京市海淀区阜成路甲 28 号　邮编：100142
总编部电话：010 - 88191217　发行部电话：010 - 88191522
网址：www. esp. com. cn
电子邮件：esp_bj@ 163. com
天猫网店：经济科学出版社旗舰店
网址：http：//jjkxcbs. tmall. com
北京万友印刷有限公司印装
880 × 1230　32 开　6 印张　180000 字
2014 年 4 月第 1 版　2014 年 4 月第 1 次印刷
ISBN 978 - 7 - 5141 - 4403 - 1　定价：32. 00 元
（图书出现印装问题，本社负责调换。电话：010 - 88191502）

前　　言

　　自 Merrill 和 Schneider（1966）首次提出混合寡头的概念以来，关于混合寡头问题的理论研究日渐引起经济学者的关注，并逐渐成为产业组织理论研究方面一个新兴的研究领域。所谓混合寡头市场，是指只有少数几家厂商供给类似的或不同的产品，其中至少一家厂商的目标函数与其他厂商的不同。本书中"混合"的概念与"混合经济"同义，指在一个经济体中同时存在公有企业和民营企业，公有企业（部分或全部地）追求社会福利最大化，民营企业追求企业利润最大化。

　　混合寡头的市场结构，无论是在发达国家还是发展中国家，都是普遍存在的。发达国家中的日本，是混合寡头市场格局非常典型的国家，几乎每个行业都存在混合寡头的市场结构，如银行业方面的邮政银行、日本政策投资银行（DBJ）和 Iwate 银行；住房贷款方面的公共房屋贷款公司；私募基金方面的日本产业复兴公司；人寿保险方面的邮政寿险局；隔夜快递方面的日本邮政；公共气体公司如习志野、福井等；广播方面的日本广播协会。在其他发达国家，混合寡头也是非常普遍的，如银行业方面的新西兰、英国、德国的邮政银行；汽车行业方面的雷诺汽车公司、大众汽车公司；制药行业方面的巴西公共机构；国防、航空业方面的欧洲宇航防务集团（EADS）、空中客车等；航空公司方面的瑞士航空、比利时航空和法国航空；隔夜快递方面的 USSP；能源行业方面的法国电力和法国煤气公司；广播业方面的英国广播公司

（BBC）。在发展中国家，混合寡头的市场结构同样普遍。这以东欧和中国最具有代表性。例如，在中国的电信行业，中国移动、中国联通和中国电信三足鼎立，就是一个典型的混合寡头竞争格局。

可以说，混合寡头是处于完全自由的市场经济与完全的国有经济之间的一种中间状态。混合寡头存在的意义是什么？分析混合寡头与分析传统的寡头竞争有何区别和联系？既然混合寡头是一种中间状态，那么在什么条件下可以让混合寡头的市场格局向完全国有化或完全自由的市场经济转变？在混合寡头的市场环境下，政府最优的对内和对外政策安排是什么？对这些问题的回答，不仅具有智识上的挑战，而且具有重要的理论和现实意义。为此，本书从民营化改革、政府的补贴政策、贸易政策、知识产权保护等多个维度，通过构建不同的理论模型，对上述问题展开深入探讨，以期能让读者更深入地了解混合寡头方面的理论和应用。

全书分为7章，具体的结构安排如下：第1章是导论，系统地介绍混合寡头理论的概念、其存在的意义、理论模型的基本设置、博弈结构以及相关的经典文献；第2章结合中国的国有企业改革，系统地分析和探讨国有股份比重的最优选择问题；第3章探讨发生负向需求冲击时，政府应当采取何种模式对公有企业进行民营化；第4章通过讨论企业获得的政府补贴如何由企业与政治家之间的讨价还价过程所内生决定，具体探讨混合寡头情形下的政治互动；第5章讨论了存在不对称信息的条件下，追求社会福利最大化的政府对民营企业进入一个原来由公有企业垄断的市场的态度及相应的政策选择；第6章通过构建一个讨价还价博弈模型，分析了混合寡头市场中的知识产权保护问题；第7章通过构建一个国际混合寡头模型，探讨民营化程度对政府贸易政策的影响。

关于本书写作的说明如下：

前　言

（1）为了便于阅读，每章的开头都给出了本章的内容简介；

（2）为了避免在外国人名翻译上的歧义，本书中引用国外文献时，均使用英文原名。

作　者
2014 年 1 月

目　　录

第1章

导　　论

1.1　混合寡头概念的界定和说明

　　所谓混合寡头市场，是指只有少数几家厂商供给类似的或不同的产品，其中至少一家厂商的目标函数与其他厂商的不同。本书中"混合"的概念与"混合经济"同义，指在一个经济体中同时存在公有企业和民营企业，公有企业（部分或全部地）追求社会福利最大化，民营企业追求企业利润最大化。关于混合寡头的定义，可参阅 Harris 和 Wiens（1980）、Beato 和 Mas-Colell（1982）、Bos（1986）、Thisse（1987）以及 Sertel（1987）。

　　发达国家中的日本，是混合寡头市场格局非常典型的国家，几乎每个行业都存在混合寡头的市场结构，如银行业方面的邮政银行、日本政策投资银行（DBJ）和 Iwate 银行；住房贷款方面的公共房屋贷款公司；私募基金方面的日本产业复兴公司；人寿保险方面的邮政寿险局；隔夜快递方面的日本邮政；公共气体公司如习志野、福井等；广播方面的日本广播协会。在其他发达国家，混合寡头也是非常普遍的，如银行业方面的新西兰、英国、德国的邮政银行；汽车行业方面的雷诺汽车公司、大众汽车公司；制药行业方面的巴西公共机构；国防、航空业方面的欧洲宇航防务集团

(EADS)、空中客车等；航空公司方面的瑞士航空、比利时航空和法国航空；隔夜快递方面的 USSP；能源行业方面的法国电力和法国煤气公司；广播业方面的英国广播公司（BBC）。

关于公有企业与民营企业之间的差异，很多人认为公有企业的效率要低于民营企业。关于这一点，文献中存在很大争议。有些实证文献得出结论认为民营企业的效率更高；而有些实证文献则得出相反的结论，认为公有企业效率更高。所以，区分公有企业与民营企业，关键不在于效率，而在于它们在目标函数方面的差别：民营企业只考虑利润目标，公有企业必须部分或全部地关注社会福利。

1.2 公有企业存在的意义——行业内部的监管工具

在不完全竞争或扭曲竞争的市场环境下，公有企业作为政府可以控制的政策工具，在完成一系列政策目标方面发挥着重要的作用。市场失灵的存在需要某种形式的政府干预，其中的一种干预措施就是创建混合寡头市场，通过实行国有化或接管民营企业，或通过创建一个新企业来实现干预的目的。政府的这些措施便形成了一个混合寡头。这种市场结构可被看做是处于完全国有化与政府采用制度和反垄断法来管理民营企业这两种情形之间的中间状态（Merrill 和 Schneider，1996，P.400）。

当公有企业致力于纠正市场失灵时，两类主要的问题值得我们作进一步的探讨。

第一类问题可以归结为"控制公共管理者的行为"。首先，委托人与代理人的区别可以应用到公有企业中：政府是委托人，公有企业的经理是代理人。政府的目标是使用公有企业通过设定好的社会福利函数最大化社会利益，社会福利函数定义了政府追求的目标及权衡不同目标时对各个目标所赋予的权重。企业管理者可能有自己追求的目标，政府解决这个问题的方法与民营企业解决委托—代理问题的方法一样：设定一些激励，考虑实施监管的成本，使管理者与政府的目标一致。

委托—代理的方法确实适用政府与公有企业管理者之间的关系（Chamley，Marchand 和 Pestieau，1986）。但是，正如 Levy（1987）所说的那样，委托—代理产生了一个不可忽视的问题："政府或部长是委托人，企业是代理人的观点是错误的……国家不是个人，甚至不是一个简单的组织。它通过各种部长、议员和公务员等不同职务的人代理一般的公众。不同的代理人的任务不同，他们之间不能进行交换。不同的代理人会给企业相互冲突的命令。"（Aharoni，1982，pp. 68－69）

在本书的讨论中我们将忽略掉这个问题。本书中所有章节涉及的模型都不存在委托—代理的问题，且我们都假设从管理者层面执行公共目标函数没有问题，或者说，管理者和政府有同一目标。

第二类问题是关于公有企业与民营企业效率比较的问题。支持民营化的学者认为，因为更少地受到政府的约束，民营企业比公有企业更有动机追求效率（例如 Bös，1988）。这个观点得到了各种理由支持，如 Aharoni（1982）指出，如果公有企业的管理者收到冲突的命令，会造成组织上的低效和浪费，尤其是他们因此而改变政策。换届选举带来的政府更迭可能会加剧这种组织上的低效率。

支持低效率的第二个观点是公有企业缺乏来自竞争对手的竞争，但这里面忽略了一点。正如 Selten（1996）所强调的，存在效率损失是因为缺少竞争，与是公有企业还是民营企业无关。换句话说，在许多发达国家，公有企业比民营企业多，民营企业的绩效更差。

第三个观点认为公有企业的预算亏损是引起公共部门低效率的原因之一。注意，当公有企业依据边际成本确定价格时，价格低于平均成本，企业存在亏损。关于这一点更进一步的观点如下：因为在某些情况下公共管理者允许存在负利润，所以公有企业预算损失归因于边际成本定价规则的应用，而不是真正的效率低下。

在可比环境下，关于公有企业和民营企业相对绩效的实证研究，没有证据能明确地认为民营企业的效率更高（或得到相反的结论），Yarrow（1986，P. 330 和附录）以及 Yarrow 和 Vickers（1988）对这方面的早期文献作了很好的归纳总结。

1.3　混合寡头理论模型的基本设置

Merrill 和 Schneider（1966）的文章属于混合寡头领域具有开创性的论文。他们论文的结论依赖于特定的假设，当这些假设条件发生变化后，由此得到的结果既不具有普遍性同时也不稳健。尽管存在这些不足，Merrill 和 Schneider（1966）的主要贡献在于在传统的寡头市场上引入了公有企业，并令其与民营企业并存。由于以下我们涉及的所有文献所考虑的市场结构都与这篇论文类似，下面我们详细谈谈其基本设置。

市场上有 m 家民营企业和 $n-m$ 家公有企业，它们生产同一种产品，并被不具有市场势力的消费者购买。这些企业进行一次性非合作博弈。

令 $A_i(i=1,\cdots,m)$ 表示民营企业 i 可以选择的行为，$A_j(j=m+1,\cdots,n)$ 表示公有企业 j 可以选择的行为。例如，在既定的技术水平制约之下，A_i 和 A_j 分别表示民营企业和公有企业可以选择的产量。民营企业的支付函数就是企业的利润函数，其定义为从企业的行动空间集到实数集 R 的映射：

$$\pi_k(a_1,\cdots,a_m,a_{m+1},\cdots,a_n) \tag{1.1}$$

其中，π_k 表示给定其他企业选择的情况下，即 $a_1,\cdots,a_n,a_h\in$

A_h，$h = 1$，$\cdots$，n 给定时，第 k 家企业的利润。一般而言，企业 k 的利润与所有企业的行动都有关。

在定义公有企业的支付函数时，我们介绍所有文章在讨论混合寡头市场时都采用的一种假设：就公有企业的行动选择而言，不存在任何"激励问题"。正如我们前面所指出的那样，公有企业的管理者接受来自委托他们管理企业的政府的任何命令。如果他们的目标与政府的目标不同，则他们无法采取行动来实现这些目标。这一假设可以把委托—代理问题从混合寡头的分析中分离出来，使得政府当局面临的问题简化为如何面对来自民营企业的竞争，而不是如何应对公有企业的管理者所采取的一些他们无法观测的行动。

在这一假定之下，讨论公有企业的目标函数变得毫无意义，此时考虑政府当局的支付函数更合适：

$$W(a_1，\cdots，a_m，a_{m+1}，\cdots，a_n) \tag{1.2}$$

公有企业的选择集是 $A_j (j = m+1，\cdots，n)$。公有企业的支付函数取决于所有代理人的行为。

大部分文献的模型都假定只有一家公有企业。由于不考虑激励问题，所以公有企业的支付函数就是政府当局的支付函数。如果市场上存在多家公有企业，则公有企业的支付函数不一定就是政府当局的支付函数。不过，我们这里介绍的框架足以分析存在多个公有企业的情况。

因此，我们分析 $m+1$ 个参与人的情况，参与人可以分成两组：m 个民营企业，其目标是实现利润最大化；1 个政府当局，选择 $n-m$ 家公有企业的战略行动来实现社会福利最大化。

早期所有文献都排除了不确定性，尤其假设政府知道每家企业的生产集。Harris 和 Wiens（1980，P. 127）指出，当公有企业作为生产者在市场上出现时，关于政府当局知道所有其他生产者的技术的假设是更合理的。

现有大部分文献另一个共同特征是参与人所选择的策略变量。

文献中通常假定所有参与人都选择数量而不是价格。也许有人会反对这种假设，因为它并不总是能够刻画企业的实际行为，但它是分析同质产品寡头市场的一个常用假设。这可能是由于 Cournot 竞争的假设能够简单地刻画寡头之间的相互作用而又不会得到像使用 Bertrand 竞争那样不合理的结论，即得到与完全竞争市场条件下同样的结果。而且，Kreps 和 Scheinkman（1983）、Osborne 和 Pitchick（1986）证明了，使用 Cournot 竞争，与使用一个更复杂的、企业选择价格作为策略变量的博弈模型所得到的结论是完全一样的。Boyer 和 Moreaux（1985）也推出类似的结论。

采用数量竞争分析的框架更好还有另外一个原因。De Fraja 和 Delbono（1987）的结论显示，如果每家企业的边际成本是常数（即使每家企业都不同），那么公有企业采用边际成本定价法可以实现社会福利最大化。无论民营企业和公有企业的相对效率如何，这是能实现的最好结果。

另外，目前在混合寡头的分析框架中引入产品差异化方面的讨论还比较少，这是一个值得进一步探讨的方向。目前只有 Rees（1984）以及 Fujiwara（2007）对产品差异化的问题进行讨论。

以上我们列出了混合寡头的一般框架。为了使模型可解，所有文献都引入了很多简化的假设。下面介绍的模型具有典型性。

在一个同质产品市场上，假设反需求函数为：
$$p = p(Q)$$
$$Q = q_1 + \cdots + q_h + q_m + q_{m+1} + \cdots + q_n \tag{1.3}$$
其中，p 表示产品的价格；Q 是市场上提供的产品总量；q_h 表示企业 h 提供的产品数量，$h = 1, \cdots, n$。

企业 h 的技术水平用下述成本函数表示：
$$c_h = c_h(q_h) \qquad h = 1, \cdots, n \tag{1.4}$$
其中，c_h 表示企业 h 生产数量 q_h 的产品所需要付出的总成本。

下列是关于成本函数 c_h 的形状的假设：对所有的 $h = 1, \cdots,$

n，$c_h \mid R_{++}$ 二次连续可微，且 $\dfrac{dc_h(q_h)}{dq_h} \geqslant 0$，$q_h \in R_{++}$

即边际成本非负。民营企业 i 的支付函数可表示为其利润：

$$\pi_i(q) = p(\sum_{i=1}^{n} q_i)q_i - c_i(q_i) \quad i = 1, \cdots, m$$

政府当局的支付函数用如下的 W 函数表示：

$$W = W(q_1, \cdots, q_n)$$

我们可以通过 Nash 均衡的概念求解上述模型，即求出每个参与人所选择的一个具体行动所构成的行动向量，使得给定其他参与人的行动选择，没有参与人能够通过偏离 Nash 均衡给它规定的行动来提高自己的支付。

下面我们再详细讨论一下公有企业的目标函数，即 W 函数的特征。由于这是一个局部均衡模型，最合理的假设是，政府当局的支付函数是消费者剩余和生产者剩余的函数。

为了更精确地定义 W 函数，考虑如下的函数：

$$U : R^{n+1} \rightarrow R$$

其中 $U(\pi_1, \cdots, \pi_m, \pi_{m+1}, \cdots, \pi_n, \int_0^Q (p(t) - p(Q))dt)$ 表示当企业 h 的利润为 $\pi_h(h = 1, \cdots, n)$，消费者剩余等于积分（消费者剩余等于市场需求曲线下方图形的面积）时的社会福利。政府当局的支付函数可被定义为参与者战略选择向量投射到参与者利润函数向量和消费者剩余的函数：

$$\Omega(q_1, \cdots, q_n) = (\pi_1(q), \cdots, \pi_n(q), \int_0^Q (p(t) - p(Q))dt)$$

$$W = U(\Omega(q_1, \cdots, q_n))$$

我们需要引入以下两个关于福利函数 U 的形状的假设，从而以最低的要求得到合适的福利函数：

（a）U 是关于所有变量的递增函数；

（b）$\lim_{\pi_j \to \infty} U(\cdot) = -\infty$。

假设（b）表明，如果对公有企业增加其预算亏损没有限制，则其福利损失也没有限制。如果假设（b）不成立，假设（a）成立，则政府可以通过公有企业的巨额赤字来增加社会福利。在局部均衡的分析框架下，福利函数的这种表示方法最具有一般性，在后文我们讨论的所有模型中，社会福利函数 U 都有一个准确的形状，即等于生产者剩余与消费剩余之和。在这些假设下，政府的支付函数变为：

$$W = \pi_1(q) + \pi_2(q) + \cdots + \pi_n(q) + \int_0^Q (p(t) - p(Q)) \mathrm{d}t$$

文献中没有以最大化社会总剩余作为政府当局的目标函数的唯一例外是 Merrill 和 Schneider（1966），他们假设政府当局的目标是最大化所生产产品的产量。他们给公有企业添加了一个预算约束，以避免其无限量地生产。Merrill 和 Schneider 没有对他们的设置给出任何解释，让我们不能信服这一假设。在短期内，如果生产系数相对固定，产品的供应量可以代表就业量。但是，这是特殊部门的就业量，如果政府尝试同时在不同部门都提高产量，则可以获得更多的利益。无论如何，政府行为对就业的影响不能采用局部均衡分析，而需要使用一般均衡分析。

1.4 技术和成本结构

混合寡头的文献主要研究民营企业和公有企业的性质以及它们之间的竞争，所以对于企业技术方面的研究相对而言不是那么重要。企业的技术主要反映在生产成本函数上，现有文献为了简化分析，对成本函数的假设是尽可能地简单。目前，文献中关于生产成本的设置大体分为以下三类。

1. 假设每家企业的边际成本是常数，民营企业之间的边际成本可以相同，但民营企业与公有企业之间必须不一样，且一般假设民营企业的边际成本低于公有企业，否则民营企业会被迫退出市场，混合寡头市场将变成公有企业垄断。采用这一假设的文献如 Mujumdar 和 Pal（1998）、Pal（1998）、Matsumura（2003a）、Matsumura 和 Ogawa（2010）以及 Cai 和 Li（2011）。此时，公有企业按照边际成本定价原则可以实现社会福利最大化。而民营企业作为领导者、公有企业作为跟随者的序贯博弈则可以实现次优的结果，此时，只有民营企业在生产，市场价格等于公有企业的边际成本，而这一民营企业作为领导者的序贯博弈也是可观测的延迟博弈（observable delay game）的均衡结果。

2. 假设每家企业（包括公有和民营企业）都具有相同的成本函数，但成本函数是二次型的，即边际成本是递增的。采用这一假设的文献如 De Fraja 和 Delbono（1989）、Fjell 和 Pal（1996）、White（1996）、Matsumura 和 Kanda（2005）、Heywood 和 Ye（2009a）、Wang 等（2009）。如果是在通常的寡头市场中，在所有企业具有相同的成本函数的条件下，要实现社会福利达到最大的最优结果，则所有企业需要选择同样的产出水平。然而，这一点在混合寡头市场是不成立的，因为公有企业与民营企业的目标存在差异。

3. 摒弃所有企业生产同质产品的假设，引入差异化产品。例如，Anderson 等（1997）、Matsumura 等（2009）考虑了垄断竞争的混合寡头模型；Fujiwara（2007）在混合寡头的框架内引入了存在产品差异的线性需求函数；Cremer 等（1992）、Matsumura 和 Matsushima（2003，2004）、Inoue 等（2008）考虑了轧机定价选址模型；Matsushima 和 Matsumura（2003，2006）、Heywood 和 Ye（2009b）考虑了交付定价选址模型。

此外，还有一些文献考虑了更为一般的成本函数设置，如 Matsumura（1998，2003b）、Kiyono 和 Tomaru（2010）。需要指出的是，在混合寡头的文献中，没有人会假设各个企业的边际成本是常数且相等，这是因为此时公有企业垄断可以实现社会福利最大化，在这种情况下，就没有必要讨论混合寡头这一市场结构了。

1.5　混合寡头下的博弈结构

　　就公有企业的目标和成本结构而言，大多数文献都提出一些非常类似的假设，它们的区别很大程度上在于博弈的顺序和结构。文献已经考虑了以下的各种可能性：民营企业和公有企业进行 Cournot-Nash 博弈，即企业以对方的战略选择作为基准做出自己的决定。民营企业和公有企业进行 Stackelberg 竞争，这里面有两种可能性：公有企业是领导者，民营企业是跟随者，基于公有企业的战略选择做出决定；公有企业作为追随者，在民营企业先进行战略选择的基础上做出自己的战略选择。Beato 和 Mas-Colell（1984）对公有企业作为领导者和追随者这两种情况进行了比较分析，得到了有趣的结论。

　　上述提到的这些情形，都假定市场上厂商的数目是给定的。如果允许企业进入或退出，不管进入或退出的是公有企业或是民营企业，都会增加产生其他结论的可能性。当允许进入或退出时，模型的设定要小心。鉴于所有的模型都是静态的，所以从理论分析得到的政策结论需要谨慎对待。

　　在传统的寡头市场，多阶段博弈是研究存在新企业进入的很有用的工具。Sertel（1987）考虑了新企业进入的问题，但他只建立了一个一期的模型。而 Ware（1986）则考虑了一个两人—两阶段博弈。他区分了两种情况，公有企业为在位者，民营企业为潜在进入者；或民营企业为在位者，公有企业为潜在进入者。在这个博弈中，企业在第一阶段就能预测到最后阶段的均衡结果，并相应地调整其第一阶段的行动。

　　还有一种情况值得考虑，民营企业之间可能会达成共谋协议或卡特尔组织。Sertel（1987）对这一问题进行了研究，结论很直观，即与只存在一家民营企业时一样。

1.6　混合寡头相关文献梳理

混合寡头的文献中，最经典的一篇当属 De Fraja 和 Delbono（1989）的文章。这是第一篇探讨民营化与社会福利之间关系的开创性论文。其模型主要有如下假设：（1）企业之间的产量竞争为古诺竞争；（2）公有企业和民营企业之间不存在成本差异；（3）线性需求函数和二次成本函数；（4）民营企业以追求利润最大化为目标，公有企业以追求社会福利最大化为目标，因此，公有企业按照价格等于边际成本的原则来选择自己的产出。该论文通过比较民营化前后的社会福利，即比较民营化后的纯民营经济下的社会福利和民营化前的混合经济下的社会福利，发现只有当民营企业数量足够多时民营化才会提高社会福利。De Fraja 和 Delbono（1989）认为民营化对产量的影响主要体现在以下三个方面：（1）民营化降低了公有企业的产量 q_0；（2）民营化增加了每个民营企业的产量 q_1，使得产量从高成本的公有企业转移到了低成本的民营企业；（3）民营化减少了总产量 $q_0 + nq_1$。所以只有当第二种效应足够大时，即民营企业数量足够多时，民营化才会提高社会福利。De Fraja 和 Delbono（1989）的主要贡献在于，证明了即使公有企业与民营企业不存在生产成本方面的差异、公有企业内不存在委托—代理问题以及不存在其他政策影响的情况下，民营化仍然可以提高社会福利。

随后，经济学家开始放宽假设，例如，Barros（1995）、White（2001）研究发现，存在委托—代理问题时，民营化也会提高社会福利。在成本假设上，为避免公有企业成为垄断者，除假设成本递增外，经济学家还假设边际成本为常数，或者公有企业与民营企业存在生产成本差异，如 Mujumdar 和 Pal（1998）、Pal（1998）、Matsumura（2003a）、Matsumura 和 Ogawa（2010）同样得到民营化可以提升社会福利的结论。Fjell 和 Pal（1996）首次考虑开放政策的影响，构建了包含外国民营企业的混合寡头模型。他们发现，允许本国新民营企业进入市场可以提高社会福利，而只有当本国民营企业数量相对于外国民营企业数量足够少时，外国民营企业的进入才能提高本国社会福利。

20 世纪 80 年代，全球兴起民营化公有企业的浪潮，公有企业民营化对社会福利的影响开始受到经济学家的关注。部分民营化，是指企业的股份由政府与私人共同持有（De Fraja 和 Delbono）。在现实世界中，我们可以看到许多混合所有制企业（即部分民营化企业），如 NTT、JT、Iwate 银行、北陆电力（Hokuriku Electric Power Company）、大众和雷诺等。部分民营化模型与之前的模型的最大区别在于公有企业的目标函数的设置不同。具体而言，在部分民营化下，公有企业的目标为社会福利与企业利润的加权和，即：$U_0 = \alpha \prod_0 + (1 - \alpha)W$，其中，$\alpha$ 表示民营化的比例；W 表示社会福利；$\prod_0$ 表示民营企业的利润。最早对部分民营化进行理论分析的是 Matsumura（1998）。Matsumura（1998）假设公有企业与民营企业没有生产效率的差异，两个企业进行古诺竞争，其研究结果显示，完全国有化和完全民营化都不是最优选择。

随后，在 Matsumura（1998）研究的基础上，许多经济学家进行了扩展分析。如 Matsumura 和 Kanda（2005）、Wang 等（2010）。他们的分析表明，在允许企业进入的条件下，从长期来看，完全国有化是最优选择，而最优的民营化程度与民营企业的数量正相关，即民营企业越多，民营化程度越高。Fujiwara（2007）研究了存在产品差异的条件下部分民营化对社会福利的影响，其研究结果显示，在短期内，民营化程度与产品种类之间呈倒 U 型关系；从长期来看，最优民营化程度与产品种类呈单调递增的关系。Chang（2006）通过构建国际混合寡头模型证明，当存在外国竞争和贸易政策时，若企业同时选择产量，则部分民营化是最优选择。总结现有关于部分民营化的相关文献可以发现，最优的民营化程度依赖于以下因素：民营企业的数量；对外开放的程度；公有企业与民营企业的生产效率差；其他政策的影响，如政府提供补贴等。目前，关于部分民营化的研究主要集中于公有企业和民营企业都同时实行部分民营化的情况。

在传统的寡头市场，企业之间除了进行同时选择产量的古诺竞争外，还可能进行序贯选择的 Stackelberg 领袖制竞争。在混合寡头市场，我们主要考虑公有企业作为领导者及民营企业作为领导者这两种情形。

对比古诺竞争的假设和领袖制模型的假设，可知企业是同时决策还是序贯决策会对均衡结果有很大的影响。大部分文献都假设混合寡头企业生产决策的时机选择外生给定。然而，Anderson 和 Engers（1994）、Dowrick（1986）、Hamilton 和 Slutsky（1990）、Pal（1991）以及 Robson（1990）均认为，企业是同时决策还是序贯做出生产决策不应该外生给定，而应该由企业自身决定。Pal（1998）首次考虑在混合寡头市场中将生产的时序选择内生化。生产时序内生化模型与之前模型的最大区别在于：在第一阶段，两个企业可以选择在什么时间进行生产，如果一家企业作为领导者，另一家企业作为追随者，则结果为 Stackelberg 领袖制模型，否则为同时选择产量的古诺竞争模型。Pal（1998）的研究发现，当民营企业属于本国所有时，民营企业作为领导者要优于公有企业作为领导者。而 Matsumura（2003b）的研究则发现，在时序内生模型中，当民营企业属于外国所有时，公有企业作为领导者要优于民营企业作为领导者。

综合以上文献，我们发现现有的绝大部分文献的模型都只考虑只有一个公有企业的情况，因为如果公有企业和民营企业没有成本差异，那么，很显然，完全国有化是最优选择，所以现有文献的模型中都假设只有一个公有企业。然而，如果公有企业被民营化，就变成了完全的自由市场经济。结合考虑许多经济转型国家的经济体制改革，这不是一个合理的假设。因为在现实生活中，这些国家存在很多的公有企业（如许多中东欧国家、中国、越南、蒙古国；发展中国家和新兴国家如巴西、印度、伊朗、印度尼西亚、泰国、韩国），不可能同时民营化所有的公有企业，民营化一个公有企业不可能实现自由的市场经济。由此，现有模型不能解释存在不止一个公有企业的情况。针对此情况，Matsumura 和 Shimizu（2010）构建了包含 m 家公有企业和 $N-m$ 家民营企业的混合寡头模型，假设公有企业与民营企业存在成本差异，成本分别为：$C=0.5\alpha(q_i)^2+K$，$C=0.5\beta(q_i)^2+K$，且 $\alpha \geqslant \beta$。N 家企业同时选择产量进行古诺竞争。他们的研究结果显示：（1）当公有企业的生产效率显著低于民营企业时，民营化可以提高社会福利，且与企业的数量无关。（2）当公有企业与民营企业的生产效率差比较小且企业数量比较少时，社会福利与公有企业的数量呈正相关关系。（3）当公有企业与民营企业的生产效率差比较小且企业数量很多时，社会福利与公有企业数量呈 U 型关系；当民营化程度达到某一水平时，民营化会提高社会福利，且民营化规模越大，对社会福利的提升作用越大。从第三个结论我们得到的启示是：应该从长远的角度来看待民营化。

此外，在混合寡头理论研究中有一个很重要的定理，那就是民营化中性定理（Privatization Neutrality Theorem，PNT）。民营化中性定理认为，在最优补贴政策下民营化不重要，这意味着，在实施最优补贴政策时，探讨混合寡头或民营化政策没有意义。White（1996）通过构建包含 m 家民营企业和一家公有企业的混合寡头模型发现，在混合寡头市场，在民营化前后都提供最优补贴时，民营化前后的社会福利不变。Poyago-Theotoky（2001）通过假设线性需求函数和二次成本函数，且不考虑固定成本，进一步证实，不论企业间是进行同时选择产量的 Cournot 竞争，还是进行公有企业作为领导者的 Stackelberg 领袖制竞争，在政府提供最优补贴时，民营化前后的社会福利不变。Myles（2002）在假设一般的需求函数和成本函数下进一步证实了 Poyago-Theotoky（2001）的结论。此外，Tomaru（2006）证实，在部分民营化条件下，当政府提供最优补贴时，民营化对社会福利没有影响；Hashimzade 等人（2007）证实，当企业生产不同产品时，如果政府提供最优补贴，则民营化对社会福利也没有影响；Kato 和 Tomaru（2007）证实，当民营企业的目标函数不是利润最大化时，此结论依然成立。PNT 成立的原因在于：在混合寡头市场，公有企业按照价格等于自己的边际成本，即 $p = c_i'$，同时选择自己的产量，由此可以得到最优的政府补贴 s^*；当一个企业被国有化后，假设其他企业不会改变自己的产量选择，当以社会福利最大化为目标的公有企业不改变产量时，其他企业也没有动机改变产量，所以最优的政府补贴仍为 s^*，社会福利不变。相反，Fjell 和 Heywood（2004）研究发现，当公有企业从混合寡头市场的领导者变为纯自由市场经济的领导者时，即公有企业被民营化后依然是领导者，此时，民营化前后，最优政府补贴和社会福利都会降低，即 PNT 不成立。且如果存在下列情况之一，则 PNT 也不成立，这些情况包括：（1）公有企业与民营企业生产成本不同；（2）存在外国民营企业（Matsumura 和 Tomaru，2012）；（3）长期内企业能自由进入市场；（4）存在过重的税负（Matsumura 和 Tomaru，2013）；（5）企业可以控制两个或两个以上的自变量。

　　近年来，经济学家关于混合寡头的市场研究还有：（1）R&D 竞争、降低成本的投资、质量提升的投资、专利竞赛、战略性合同等；（2）空间竞争；（3）金融市场和产品市场之间的关系。

第2章

寡头竞争情形下的国有企业改革

本章内容简介：本章通过构建一个两阶段的混合寡头垄断竞争的博弈模型，分别就封闭经济与开放经济的情形，探讨国有企业在背负一定的社会性负担的条件下，国有企业内部国有股份比重的变化如何影响整个社会的经济效率以及政府的支付。基本结论是：无论是从社会效率的角度还是从政府政策目标的角度，最优的国有股份比重的选择都必须考虑各类企业的生产成本、它们产出之间的边际替代效应以及社会就业压力等因素的影响。在满足某些标准条件的情形下，完全的国有化或完全的民营化都不能最大化社会效率或政府支付。关于关税变化对各类企业均衡产出的影响，我们还得出了一个出人意料的结论：关税的降低并不一定会减少国有企业的均衡产出。另外，在模型结果的模拟部分，分别给出了最大化社会效率目标以及政府政策目标的最优的国有股份比重的具体值及其与整个社会的就业压力以及国有企业的相对生产效率三者之间的相互关系。

2.1 引　言

多年来，国有企业改革一直是中国经济体制改革的中心环节。由于国有企业承担着调控经济、提供就业、保障社会稳定等多重任务，使其出现了经济效率低下、冗员过多、资产负债率过高等问题。如何进行改革，提高生产效率，将国有企业从沉重的社会性负担中解脱出来，一直受到政府与众多经济学家的普遍关注。从20世纪80年代至90年代中期，中央政府通过出台一系列措施，包括中央与地方的财政分权、促进企业内部改善经营与激励机制、引入市场竞争以及转换国有企业的经济角色等，力图增强国有企业的经济活力。20世纪90年代中期以后，中央政府又通过鼓励国有企业间的横向兼并、强化国有银行的贷款约束、裁减富余人员、将某些国有企业重组为有限责任公司或股份制企业等方式，对国有企业进行更深层次的改革（Zhang 等，2001）。与此同时，对于国有企业民营化的程度与速度经济学界也从多个角度进行了研究和探讨，但迄今仍未形成比较统一的看法。

Zhang（1998）从公司治理结构的角度出发，论述了为什么中国的国有企业改革只能解决管理层的短期激励而不能解决长期激励问题。在 Zhang 看来，中国国有企业的管理人员长期以来由政府官员任命的这一制度安排造成了管理层素质普遍低下的现象。其根本原因在于政府官员无须为他们的任命后果负责，因而他们既没有激励也没有压力去挑选合格的企业管理者。只要国有企业的任命权继续掌握在政府官员手中，这一问题便无法得到根本解决。只有通过把管理人员的任命权转移给资本家（Capitalist），才能彻底解决这一内生的激励问题，这就需要将国有企业完全民营化。

Ramamurti（1999）以发展中国家十年来民营化的进程为分析的出发点，在回顾历史的基础上指出，由于发展中国家难以通过短期内完全民营化的手段取得经济转轨的成功，因此，保持长期稳定的经济和制度环境极为重要。通过逐步民营化，并逐渐实现政府官员在改革过程中的角色转换，是发展中国家进行经济转轨的一条可行之路。这样，就可以减少国有企业民营化过程中来自于既得利益集团（包括政府官员）的压力，使有企业改革在一个平稳的环境中进行。

Li 等（2000）建立了一个三期博弈模型，通过分析企业内部经营者与地方政府官员、地方政府与中央政府官员之间的相互作用，集中讨论了产品的市场竞争对制度变迁的影响。理论和实证研究的结果都表明，民营企业比重增大是地区间产品竞争程度加剧的一个直接结果，因而地区间产品竞争是推动中国从计划经济体制向市场经济体制转轨的主要力量。

Zhang 等（2001）从实证分析的角度考察了所有制结构对中国各类企业利润率和生产率的影响。计量检验的结果表明，企业的资产结构、税收以及社会性负担对企业的经营绩效有显著的影响，其中尤以国有企业的经营绩效最低，这可归结为软贷款约束。尽管在1996～1998年间国有企业的生产效率出现了加速增长的趋势，但其利润的增长率仍远远落后于其他所有制类型的企业。

关于整个国民经济中国有企业所占比重的问题，Bai 等（2000）给出了新的认识角度。Bai 等认为，国有企业是多重任务的代理人，它不仅需要进行有效率的生产，而且还需承担社会福利负担，即必须保持一定的就业水平，并给失业者提供社会安全网，从而维持社会的稳定。在完备的社会保障体系尚未建立的条件下，政府在经济中保留一些国有企业是最优的；但如果社会性负担可由独立于国有企业的机构承担，那么最优的结果是不应该有国有企业存在。

然而，上述文献都没有从国有企业内部国有股份所占比重的角度来考虑国有企业改革，而这恰恰是当前亟须解决的难题。近几年，政府一直尝试通过减持国有股的方式深化国有企业改革，而国有股减持幅度的大小实质上是国有股份在国有企业中的比重问题。目前，关于国有股减持的方式和方法，社会各界仍存在很大的争议。另外，由于中国已经成为世界贸易组织的正式成员，国有企业所面临的竞争格局在今后几年内将出现重大变化，尤其是贸易自由化程度的加深必将对国有企业改革产生重大影响。在这一背景下讨论国有股份的比重问题，具有非常重要的现实意义。

本章以上述研究为基础，借鉴 Fraja 和 Delbono 的方法（Fraja 和 Delbono，1989），就一般情形构建一个两阶段的混合寡头垄断竞争博弈模型（Mixed Oligopolistic Competitive Model）：在第一阶段，政府选择国有股份的适当比重，从而最大化社会效率或自身的支付；在第二阶段，国有企业在给定企业内部国有股份比重的条件下，与民营企业（和外国企业）展开古诺竞争，以最大化自身的经营目标。

具体而言，我们分别就封闭经济与开放经济的情形，从国有企业中国有股份比重的角度入手，通过在政府政策目标函数中加入对国有企业总收益的考虑，探讨国有企业在背负一定的社会性负担的条件下，国有股份比重的变化如何影响整个社会的经济效率和政府的支付（payoff）。我们的分析表明，无论是从社会效率的角度还是从政府政策目标的角度，最优的国有股份比重的选择都必须考虑各类企业的生产成本、它们产出之间的边际替代效应以及整个社会的就业压力等因素的影响。在满足某些标准条件的情形下，完全的国有化或完全的民营化都不能最大化社会效率或政府支付。另外，关于关税变化对各类企业均衡产出的影响，我们还得出了一个出人意料的结论：关税的降低并不一定会减少国有企业的均衡产出。

在模型结果的模拟部分，我们通过设置具体的需求与成本函数，就封闭经济的情形分别给出了最大化社会效率目标以及政府政策目标的最优的国有股份比重的具体值及其与整个社会的就业压力以及国有企业的相对生产成本三者之间的相互关系。在给定就业压力的条件下，无论从社会效率还是从政府政策目标的角度考虑，最优的国有股份比重与国有企业的生产效率呈同向变动的关系；在给定国有企业生产效率的条件下，从政府政策目标的角度看，最优的国有股份比重与就业压力呈同向变动。值得注意的是，从社会效率的角度来看，存在国有企业的相对生产成本的一个临界指标，当国有企业的相对生产成本低于这一临界指标时，最优的国有股份比重与就业压力呈同向变动，当国有企业的相对生产成本高于这一临界指标时，最优的国有股份比重与就业压力呈反向变动。

本章其余部分的结构如下。在第 2.2 节，我们简要回顾国有企业改革的四个基本阶段，并指出当前改革所需解决的迫切问题是国有企业中国有股份所占比重的问题。在第 2.3 节，我们构建了一个混合寡头竞争的模型框架并给出基本结论。第 2.4 节我们通过设置具体的线性需求函数以及二次成本函数对第 2.3 节的结果进行模拟分析。第 2.5 节通过引入外国企业的竞争因素，对模型进行扩展。第 2.6 节为结语。

2.2 背 景

自 1978 年以来，国有企业改革一直是中国经济体制转型过程中的重头戏。围绕国有企业的产权和绩效问题，众多的经济学家提出了一系列改革方案，中央政府在综合考虑各方意见的基础上，首先选择阻力较小的方面作为突破口，按照先易后难的程序，实施渐进改革。具体来讲，30 多年来国有企业改革的推进可划分为四个阶段：（1）1978～1984 年，放权让利阶段；（2）1985～1994 年，两权分离阶段；（3）1994～1997 年，建立现代企业制度阶段；（4）1997 年以后的债转股和国有股减持试验阶段。这些年的国有企业改革取得了一定的成效，但同时也存在着许多问题，包括国有企业的盈利能力下降、亏损加大和社会性负担过重等。到目前为止，这些问题都未能得到很好的解决（林毅夫，2000）。

国有企业改革首先从"放权让利"开始。其基本思路是：扩大企业自主权，同时实行利润留成制度，贡献与报酬挂钩，使职工产生改善经营管理的动力和压力，从而提高企业的效率。但由于这些改革措施实际上在企业中形成了两套决策和利益体系，一套以国家为核心，另一套以企业为核心，这两个体系之间存在的冲突主要表现为企业发放的奖金补贴越来越多，而完成国家下达的生产和财务计划情况却越来越差，于是出现了"工资侵蚀利润"的现象，改革的实际结果就有悖于国家改革的初衷（王梦奎，1999）。

十二届三中全会以后，国家开始对国有企业实行所有权和经营权的"两权分离"，通过租赁制和承包制的形式，使企业真正成为相对独立的经营实体。但这种制度安排注定了是不可能有效率的，因为承包制使得国家与承包人在企业产权上产生了利益冲突。企业承包人追求短期利益的行为，导致了国有企业的财务状况持续恶化、亏损不断增加（吴敬琏，1999）。

针对承包制出现的问题，1993 年 11 月十四届三中全会提出了中国国有企业改革的目标是建立现代企业制度，其基本特征可概括为"产权明晰，权责明确，政企分开，管理科学"。由于小型国有企业的社会性负担较小、资本密集程度低，所以通过非国有化的方式来改造国有小企业取得了一定的成效。然而，对于大型国有企业而言，由于我国尚未建立起完善的市场经济体系，承包制所不能解决的问题，现代企业制度也解决不了。

随着金融体系改革的日渐深入，国有企业的坏账问题日益突出，已经成为影响我国金融体系稳定的一个重要因素。1997 年的亚洲金融风暴引起了中央政府对国有企业坏账问题的高度关注。政府选择了在银行外部建立资产管理公司的方法来处理银行体系中的不良资产，通过"债转股"的方式将一些国有企业的银行贷款转化为资产管理公司对企业的股权。而为了从战略上调整国有经济布局、改组国有企业，减轻国有企业过重的社会性负担，并完善社会保障体制，开拓社会保障资金新的筹资渠道，从 1999 年开始，政府又陆续推出了一系列国有股减持的方针政策。目前，关于国有股减持方式和方法仍存在很大的争议。而国有股减持幅度的大小实质上是国有股份在国有企业中的比重问题，它预示着今后国有企业改革的方向。另外，由于我国已经成为世界贸易组织的正式成员，国有企业所面临的竞争格局在今后几年内将出现重大变化，尤其是贸易自由化程度的加深必将对国有企业改革产生重大影响。在这一背景下讨论国有股份的比重问题，具有非常重要的现实意义。

在下文的讨论中，我们首先考虑封闭经济的情形，然后再将模型扩展到开放经济的情形。

2.3 基本模型

假设市场上有两家企业——国有企业①和民营企业，它们生产相同的产品，产品间具有完全的替代性。设国有企业的产出为 Q_1，民营企业的产出为 Q_2，它们的生产成本分别为各自产出的函数，表示为 $C_1(Q_1)$ 和 $C_2(Q_2)$，市场反需求函数为 $P(Q)$，其中，$Q = Q_1 + Q_2$，而且假定消费者具有稳定不变的偏好。我们分别用企业 1 和企业 2 表示国有企业和民营企业，用 π_1、π_2 分别表示它们的利润，并用 CS 表示消费者剩余，则有：

$$\pi_1 = PQ_1 - C_1, \quad \pi_2 = PQ_2 - C_2, \quad CS = \int_0^{Q_1 + Q_2} Pdq - P(Q_1 + Q_2)$$

与通常的讨论相类似，我们用社会福利函数 W 衡量整个社会的经济效率，并将其定义为生产者剩余与消费者剩余之和，即：

$$W = \pi_1 + \pi_2 + CS = \int_0^{Q_1 + Q_2} Pdq - C_1(Q_1) - C_2(Q_2) \quad (2.1)$$

我们假定政府可以通过增加就业达到维持社会稳定的目的，我

---

① 这里所说的国有企业的定义范畴比通常意义上的国有企业的定义范畴更大，它是指存在一定比例（不一定是全部）的国有股份的企业，更确切的说法可能是混合产权企业（Mixed-property Firm）。

们的模型中具体表现为在政府的目标函数中加大对国有企业总收益（Total Revenue）PQ_1 的考虑，而这种考虑的偏重程度又取决于整个社会的就业压力，我们用参数 β 表示，β 越大，表明社会的就业压力程度越高。另外，政府还必须考虑整个社会的福利水平，于是政府的政策目标函数可表示为：

$$G = W + \beta PQ_1 = \int_0^{Q_1 + Q_2} P\mathrm{d}q - C_1(Q_1) - C_2(Q_2) + \beta PQ_1 \quad (0 \leqslant \beta \leqslant 1)$$

$$(2.2)$$

值得注意的是，我们所说的就业压力是一个广义的概念，它包括诸如适龄劳动人口的就业、失业保险以及退休养老等因素所造成的社会压力。

另外，正如上文所交代的，国有企业是一个混合产权的股份制企业，其股本由两部分构成——私人股份与国有股份，我们假设国有股份所占比重为 $\alpha(0 \leqslant \alpha \leqslant 1)$，$\alpha = 0$ 表示完全的民营控股，而 $\alpha = 1$ 则表示完全的国有控股。国有企业按照国有股份比重的大小决定其目标函数中对政府支付的兼顾程度，同时作为一个市场经济的主体，它还必须考虑自身的盈利。于是国有企业的目标函数也由两部分构成：企业自身的利润以及政府的政策目标，两者在目标函数中的权重分别为 $1 - \alpha$ 和 α。我们把国有企业所兼顾的政府支付定义为社会性负担，即 αG。国有企业的目标就是最大化企业自身的利润以及政府支付的加权平均和：

$$\begin{aligned}
\max_{Q_1} U_1 &= \max_{Q_1}(1 - \alpha)(PQ_1 - C_1) + \alpha G \\
&= \max_{Q_1}(1 - \alpha)(PQ_1 - C_1) + \alpha\Big[\int_0^{Q_1 + Q_2} P\mathrm{d}q \\
&\quad - C_1(Q_1) - C_2(Q_2) + \beta PQ_1\Big] \\
&= \max_{Q_1}(1 - \alpha + \alpha\beta)PQ_1 - C_1 - \alpha C_2 + \alpha\int_0^{Q_1 + Q_2} P\mathrm{d}q \quad (2.3)
\end{aligned}$$

与通常的讨论相类似，我们把民营企业看做一个单纯追求利润最大化的经济主体，因而其目标函数可表示为：

$$\max_{Q_2} U_2 = PQ_2 - C_2 \tag{2.4}$$

需要指出的是，在本章的讨论中，我们不考虑国有股份比重变化所产生的效率提高效应①，即假定国有股份比重的变化不会引起企业成本函数的变化，我们仅仅分析国有股份比例的变化与社会效率及政府支付之间的内在联系。另外，为讨论方便，我们还需要借助以下基本假设。

假设1　$\forall Q \geqslant 0$，$P > 0$，$P(Q)$ 是二次可微的，且 $P'(Q) < 0$，其中 $Q = Q_1 + Q_2$。

假设2　$\forall Q_i \geqslant 0$，$C_i(Q_i)$（$i = 1$，2）是二次可微的，且 $C_i'(Q_i) > 0$，$C_i''(Q_i) \geqslant 0$。

我们假设国有企业与民营企业所进行的是完全信息条件下的古诺竞争，各自的均衡产出分别满足以下一阶条件：

$$P'(1 - \alpha + \alpha\beta)Q_1 + (1 + \alpha\beta)P - C_1' = 0 \tag{2.5}$$
$$P'Q_2 + P - C_2' = 0 \tag{2.6}$$

由方程（2.5）、（2.6）可以决定国有企业与民营企业的均衡产出，分别表示为 $E_1(\alpha, \beta)$ 和 $E_2(\alpha, \beta)$，并把均衡总产出表示为 $E = E_1 + E_2$。

假设3　与式（2.5）、式（2.6）相关的二阶条件成立。

下面我们首先考虑国有股份比重的变化对均衡产出的影响，即

---

①　如果我们在模型的讨论中加入对效率提高效应的考虑，则国有企业的成本函数变为 $C_1(Q_1, \alpha)$。为了在模型中体现国有股份比重下降所产生的效率提高效应，我们假设 $\frac{\partial C_1}{\partial \alpha} > 0$。然而，由于现有文献中没有足够的实证分析能够使我们明确 α 对国有企业边际成本的影响方向，我们难以判定 $\frac{\partial^2 C}{\partial Q \partial \alpha}$ 的符号。如果我们假定 $\frac{\partial^2 C}{\partial Q \partial \alpha} \neq 0$，则 α 的变化对国有企业均衡产出的影响方向是不确定的，从而使得接下来的所有讨论都难以得到明确的结果。相反，如果我们假设 $\frac{\partial^2 C}{\partial Q \partial \alpha} = 0$，则 α 的变化对国有企业均衡产出的影响与没有在国有企业的生产成本函数中考虑 α 的情形相同。在这种情形下，我们就没有必要在国有企业的成本函数中引入 α 对其影响的考虑。

α 的变化对 E_1 和 E_2 的影响。由方程（2.5）、（2.6）分别对 α 求偏导，可得：

$$\frac{\partial E_1}{\partial \alpha} \left[P''(1 - \alpha + \alpha\beta) E_1 + P'(2 - \alpha + 2\alpha\beta) - C_1'' \right] +$$

$$\frac{\partial E_2}{\partial \alpha} \left[P''(1 - \alpha + \alpha\beta) E_1 + (1 + \alpha\beta) P' \right] = (1 - \beta) E_1 P' - \beta P \quad (2.7)$$

$$\frac{\partial E_1}{\partial \alpha} \left[P'' E_2 + P' \right] + \frac{\partial E_2}{\partial \alpha} \left[P'' E_2 + 2P' - C_2'' \right] = 0 \quad (2.8)$$

将方程（2.7）、（2.8）联立，我们可以解出：

$$\frac{\partial E_1}{\partial \alpha} = \frac{\left[(1 - \beta) P' E_1 - \beta P \right] \left[P'' E_2 + 2P' - C_2'' \right]}{\Delta} \quad (2.9)$$

$$\frac{\partial E_2}{\partial \alpha} = - \frac{\left[(1 - \beta) P' E_1 - \beta P \right] \left[P'' E_2 + P' \right]}{\Delta} \quad (2.10)$$

其中：

$$\Delta \equiv \begin{vmatrix} K & H \\ P'' E_2 + P' & P'' E_2 + 2P' - C_2'' \end{vmatrix}$$

$$H = P'' \left[(1 - \alpha + \alpha\beta) E_1 \right] + P'(1 + \alpha\beta)$$

$$K \equiv \left\{ P'' \left[(1 - \alpha + \alpha\beta) E_1 \right] + P'(2 - \alpha + 2\alpha\beta) - C_1'' \right\}$$

我们把根据一阶条件得到的反应函数分别记为 $R_1(Q_2)$ 和 $R_2(Q_1)$，其中：

$$R_1(Q_2) \equiv \arg \max_{Q_1 \geq 0} U_1(Q_1, Q_2)$$

$$R_2(Q_1) \equiv \arg \max_{Q_2 \geq 0} U_2(Q_1, Q_2)$$

根据 Zhang 等（1996），为保证由古诺竞争所决定的经济系统的稳定性以及体现不同企业间产品的战略性替代关系，我们增加以下的假设。

假设4 $-1 < \dfrac{\partial R_i}{\partial Q_j} < 0$ $(i, j = 1, 2, i \neq j)$。

由以上假设以及相关的一阶条件，我们可得到引理2.1。

引理 2.1 如果满足假设 4，且 $E_1 > 0$，$E_2 > 0$，则 $\dfrac{\partial E_1}{\partial \alpha} > 0$，$\dfrac{\partial E_2}{\partial \alpha} < 0$，$\dfrac{\partial E}{\partial \alpha} > 0$。

证明见附录 A。

引理 2.1 说明，在均衡状态下，E_1 是 α 的增函数，E_2 是 α 的减函数，并且总的均衡产出 $E = E_1 + E_2$ 也是 α 的增函数。其经济含义是显然的：α 越大，意味着国有企业中国有股份的比重越大，企业生产决策受政府政策目标影响的程度也就越高，因而所承受的社会性负担也就越重。正如我们在模型设计中所述的，社会性负担在很大程度上影响国有企业的产出水平，两者呈同向变动的关系。因而国有股份比重的增大必然带来国有企业均衡产出的增加，即 α 的增加导致了 E_1 的增加；另外，由于在本章的讨论中我们已经假设国有企业与民营企业生产的产品具有完全的替代性且消费者的偏好稳定不变，国有企业产出增加的结果必然会导致民营企业产出的减少，也就是说，α 的增加导致了民营企业均衡产出 E_2 的减少。由于企业 2 对企业 1 产出变化的敏感程度小于 1，即 $\left| \dfrac{\partial R_2}{\partial Q_1} \right| < 1$，所以国有股份比重的加大所带来的企业 1 的均衡产出的增加要大于企业 2 均衡产出的减少，因而总产出水平增加。

下面我们再考虑国有企业中国有股份比重的变化对整个社会效率的影响，即 α 的变化对 W 的影响。

我们定义 $W^E(\alpha, \beta) \equiv W(E_1(\alpha, \beta), E_2(\alpha, \beta))$ 为整个社会的均衡福利水平，并定义 $U_G^E(\alpha, \beta) \equiv U_G(E_1(\alpha, \beta), E_2(\alpha, \beta))$ 为政府的均衡支付。

由引理 2.1，我们容易得出以下命题。

命题 2.1 若假设 1 至假设 4 成立，则有：

（1）当 $\alpha = 1$ 时，如果 $E_1(1, \beta) > 0$，$E_2(1, \beta) > 0$，且（$P -$

$C_1') < -R_2'(P-C_2')$，则 $\left.\dfrac{\partial W}{\partial \alpha}\right|_{\alpha=1} < 0$，即 $1 \notin \arg\max\limits_{\alpha} W^E$。

（2）当 $\alpha=0$ 时，如果 $E_1(0,\ \beta)>0$，$E_2(0,\ \beta)>0$，$(P-C_1')>-R_2'(P-C_2')>0$，则 $\left.\dfrac{\partial W}{\partial \alpha}\right|_{\alpha=0} > 0$，即 $0 \notin \arg\max\limits_{\alpha} W^E$。

命题 2.1 的证明见附录 A。

我们将 $|R_2'(P-C_2')|$ 定义为国有企业的边际产出变化对民营企业的利润空间所产生的替代效应，我们将它简称为企业 1 对企业 2 的边际替代效应。它由两部分构成：企业 1 对企业 2 的边际产出替代效应 $\left(\dfrac{\mathrm{d}R_2}{\mathrm{d}Q_1}\right)$ 以及企业 2 自身的盈利能力 $(P-C_2')$。

命题 2.1 具有深刻的政策含义，它从社会效率的角度，分别给出了完全由国家控股的国有企业是否需要进行民营化改革以及国有企业是否需要进行彻底的民营化改革的相关条件：当国有企业的利润空间小于其对民营企业所产生的边际替代效应时，采取完全的国有控股形式就不能最大化社会效率；当国有企业的利润空间大于其对民营企业所产生的边际替代效应时，对国有企业进行完全的民营化改革同样不能最大化社会效率。事实上，国有企业的利润空间大于其对民营企业所产生的边际替代效应，意味着国有企业的生产效率已经达到一定的水平，在这种条件下，就没有必要对国有企业进行完全的民营化，保留一定程度的国有控股还可以增加消费者剩余。相反，如果原来完全由国家控股的国有企业的利润空间小于其对民营企业所产生的边际替代效应，即国有企业的利润空间较小，因此，它的生产相对于社会平均水平而言处于低效率的生产状态。如果此时它完全以国家的政策目标作为企业自身的目标，必然会带来过量的生产，加重低效率生产的程度。所以，从整个社会效率的角度看，如果完全由国家控股的国有企业的盈利能力较弱，就必须进行民营化改革。

我们可以通过以下两个特殊的例子来说明命题 2.1 的合理性。

【例 2-1】 设 $P = a - Q_1 - Q_2$，$C_1 = \dfrac{3}{8}Q_1^2$，$C_2 = \dfrac{1}{2}Q_2^2$，$\beta = \dfrac{1}{4}$，则当 $\alpha = 1$ 时，必然满足 $(P - C_1') < -R_2'(P - C_2')$，并且此时 $P - C_1' > 0$，因而有结论 $\left.\dfrac{\partial W}{\partial \alpha}\right|_{\alpha=1} < 0$，即完全的国有化并不能最大化社会效率。

我们注意到，在上述例子中，如果国有企业与民营企业生产相同的产出，则国有企业的生产效率更高。但是，当 $\alpha = 1$ 时，国有企业与民营企业在均衡点处的产出分别为 $\dfrac{5a}{11}$ 和 $\dfrac{2a}{11}$，边际生产成本分别为 $\dfrac{15a}{44}$ 和 $\dfrac{8a}{44}$。显然，国有企业的均衡产出大于民营企业的均衡产出，其边际生产成本也高于民营企业的边际生产成本。国有企业这种低利润空间是由于它完全以政府的政策目标作为自身目标这一行为所造成的，其最终结果是过量的生产。这与我们前面的结论命题 2.1) 是吻合的。

【例 2-2】 设 $P = a - Q_1 - Q_2$，$C_1 = \dfrac{5}{8}Q_1^2$，$C_2 = \dfrac{1}{2}Q_2^2$，则当 $\alpha = 0$ 时，必然满足 $(P - C_1') > -R_2'(P - C_2') > 0$，即完全的民营化不能最大化社会效率。在这一例子中，如果国有企业与民营企业生产相同的产出，则国有企业的边际生产成本高于民营企业的边际生产成本，即国有企业的生产效率较低。当 $\alpha = 0$ 时，国有企业与民营企业的均衡产出分别是 $\dfrac{8a}{35}$ 和 $\dfrac{9a}{35}$，边际生产成本分别为 $\dfrac{10a}{35}$ 和 $\dfrac{9a}{35}$。显然，在均衡点处，虽然国有企业的产出小于民营企业的产出水平，但两个企业间的边际生产成本差距已经不大。此时，由于国有企业已具备一定的生产效率，如果它完全以追求利润最大化为目标，虽然能增加其自身的盈利能力，但会使总产出减少，价格上升，从而减少消费者剩余，进而影响社会效率，因而此时不应该对国有企业改革采取完全民营化的形式。

以下我们讨论在均衡状态下国有股份比重 α 对政府均衡支付 G^E 的影响。

国有股份比重的变化对政府均衡支付的影响可分解为两种效应的乘积：α 的变化对均衡产出 E_1 的影响 $\dfrac{\partial E_1}{\partial \alpha}$；均衡产出 E_1 的变化对政府支付的影响 $\dfrac{\partial G}{\partial E_1}$。

由 $G = W + \beta P Q_1 = \displaystyle\int_0^{Q_1 + Q_2} P \, dq - C_1(Q_1) - C_2(Q_2) + \beta P Q_1$ 对 E_1 求偏导，可得：

$$\frac{\partial G^E}{\partial E_1} = \beta P' E_1 (1 + R_2') + (1 + \beta) P - C_1' + (P - C_2') R_2'$$

$$(2.11)$$

经过一些必要的数学推导（见附录 A），我们得出以下命题。

命题 2.2 若假设 1 至假设 4 成立，则有：

（1）当 $\alpha = 1$ 时，如果 $E_1(1, \beta) > 0$，$R_2(E_1) > 0$，且 $C_1' > C_2' + \beta P$，则 $\left. \dfrac{\partial G^E}{\partial \alpha} \right|_{\alpha=1} < 0$，即 $1 \notin \arg\max_{\alpha} G^E$。

（2）当 $\alpha = 0$ 时，如果 $E_1(\alpha, \beta) > 0$，$R_2(E_1) > 0$，且 $P - C_1' > -(P - C_2') R_2'$，则

$$\left. \frac{\partial G^E}{\partial E_1} \right|_{\alpha=0} > 0, \quad 即\ 0 \notin \arg\max_{\alpha} G^E。$$

命题 2.2 中（1）的经济含义是：当国有企业的边际生产成本超出民营企业的边际生产成本达到一定程度（用 βP 衡量）时，从最大化政府支付的角度出发，就必须对完全由国家控股的企业进行民营化改革。换句话说，当国有企业的生产效率太低时，即使政府希望国有企业更多地承担社会性负担，也不能通过对企业采取完全国有控股的方式来达到这一目的。

命题 2.2 中（2）的经济含义是：当国有企业的利润空间高于

其对民营企业的边际替代效应时，完全的民营化也不是政府的最优选择。在这一条件下，虽然仍存在国有企业的生产效率低于民营企业生产效率的可能，即 $C_1' > C_2'$，但它们之间的差距已经不大。此时，政府出于维持社会稳定的考虑，对国有企业不进行完全的民营化改革而保留部分国有控股，让国有企业承担部分的社会性负担，可起到增加政府支付的作用。因而这一命题就给出了国有企业不进行完全民营化改革的一个具有可操作性的条件。

对于命题2.2中（1），我们仍然可以用〖例2-1〗来说明其合理性。容易验证，当 $\alpha = 1$ 时，必然满足 $C_1' > C_2' + \beta P$，因而有结论 $\left.\dfrac{\partial G}{\partial \alpha}\right|_{\alpha=1} < 0$，即完全的国有化并不能最大化政府政策目标水平。

对于命题2.2中（2），仍然可以沿用〖例2-2〗。显然，当 $\alpha = 0$ 时，满足条件 $(P - C_1') > -R_2'(P - C_2') > 0$，因而有结论 $\left.\dfrac{\partial G}{\partial \alpha}\right|_{\alpha=0} > 0$。

从命题2.1和命题2.2我们可以看出，无论是出于社会效率的角度还是出于政府政策目标的角度考虑，最优的国有股份比重的选择都必须考虑各类企业的生产成本、它们产出之间的边际替代效应以及社会就业压力等因素的影响。在满足某些标准条件的情形下，完全的国有化或完全的民营化都不能最大化社会效率或政府支付。当然，以上讨论仅仅是从国有企业承担社会性负担的程度进行分析，而没有考虑国有企业在民营化进程中所产生的效率提高效应，有兴趣的读者可将这一效应纳入模型中作进一步的深入探讨。

2.4　结果模拟

为了更好地理解第2.3节的两个命题，下面我们通过构造具体的需求以及成本函数，分析最优国有股份比重与就业压力之间以及最优国有股份比重与国有企业生产效率之间的相互关系。

我们假设：

$$P = a - Q_1 - Q_2, \quad C_1 = \frac{k}{32}Q_1^2, \quad C_2 = \frac{1}{2}Q_2^2 \quad (a > 0, \ k > 0)$$

$$(2.12)$$

显然，这些具体的函数形式都满足第 2.3 节所作的基本假设。值得注意的是，我们具体设定民营企业的成本函数，并通过在国有企业成本函数中引入参数 k 来衡量国有企业的相对生产效率。显然，当 $k < 16$ 时，意味着国有企业的生产效率高于民营企业；当 $k = 16$ 时，国有企业与民营企业具有相同的生产效率；当 $k > 16$ 时，国有企业的生产效率低于民营企业。

根据一阶条件（2.5）与（2.6）可以计算出：

$$E_1 = \frac{2 + 2\alpha\beta}{5 - 3\alpha + 5\alpha\beta + \frac{3}{16}k}a \quad E_2 = \frac{1 - \alpha + \alpha\beta + \frac{1}{16}k}{5 - 3\alpha + 5\alpha\beta + \frac{3}{16}k}a \quad (2.13)$$

我们先从社会效率的角度出发，考虑以下两种变化趋势：在给定国有企业不同相对生产效率（用 k 衡量）的条件下，最优的国有股份比重 α_W^* 随 β 变化的趋势；在给定不同就业压力（用 β 衡量）的条件下，α_W^* 随 k 变化的趋势。

由（2.7），令 $\dfrac{\partial W^E}{\partial E_1} = 0$，可得：

$$\alpha_W^* = \frac{k - 80}{\beta(80 - 6k) - 80}$$

$$(2.14)$$

由（2.14）式对 β 求偏导，可知：

$$\frac{\partial \alpha_W^*}{\partial \beta} = -\frac{(k - 80)(80 - 6k)}{[\beta(80 - 6k) - 80]^2}$$

$$(2.15)$$

显然，当 $k < \dfrac{40}{3}$ 时，$\dfrac{\partial \alpha_W^*}{\partial \beta} > 0$，即 α_W^* 随着 β 的增加而增加；当

$\frac{40}{3} < k < 80$ 时，$\frac{\partial \alpha_W^*}{\partial \beta} < 0$，即 α_W^* 随着 β 的增加而减少；鉴于当 $k \geqslant$ 80 时，国有企业的相对生产效率太低，这与实际情况不符，因而我们不予以考虑。

从上面的结果可以看出，$k = \frac{40}{3}$ 是一个临界点。当 $k < \frac{40}{3}$ 时，表明国有企业具有较高的生产效率，此时，从社会效率的角度看，就业压力越大，高效率的国有企业就应当承担越多的社会性负担；相反，当 $k > \frac{40}{3}$ 时，表明国有企业的生产效率相对于民营企业而言不具有太大的优势，此时，就业压力越大，政府的政策目标就越发偏重国有企业的产出，如果 α_W^* 保持不变，则国有企业的社会性负担势必加重，这将影响国有企业的生产效率。从社会效率的角度看，就必须相应地减少最优的国有股份的比重 α_W^*。

我们再由（2.14）式对 k 求偏导，可得：

$$\frac{\partial \alpha_w^*}{\partial k} = \frac{-400\beta - 80}{[\beta(80 - 6k) - 80]^2} < 0$$

也就是说，在给定就业压力 β 的情况下，随着 k 的增加，即随着国有企业效率的下降，最优的国有股份比重 α_W^* 会相应地下降。也即，从社会效率的角度考虑，如果国有企业的相对生产效率下降，则应当相应地减少国有企业的社会性负担，从而减少其产出以降低过量生产的程度，避免由生产效率下降所带来的社会效率损失。也就是说，在给定就业压力的条件下，可以通过减少国有股份比重的方式来弥补国有企业相对生产效率的下降所带来的社会效率损失。

综合以上讨论，我们可得出如下命题。

命题 2.3 假设需求函数与成本函数具有式（2.12）的形式，则从最大化社会效率的角度考虑，有：

（1）在给定 k 的条件下，当 $k < \dfrac{40}{3}$ 时，$\dfrac{\partial \alpha_w^*}{\partial \beta} > 0$；当 $\dfrac{40}{3} < k < 80$ 时，$\dfrac{\partial \alpha_W^*}{\partial \beta} < 0$。

（2）在给定 $\beta(\beta \geqslant 0)$ 的条件下，$\dfrac{\partial \alpha_W^*}{\partial k} < 0$。

为了得到具体的最优国有股份比重的值并更好地反映 α_W^* 随着 β 变化的具体趋势，我们对 k 赋予一些特殊值，给出相对于不同 k 值的最优的国有股份比重 α_W^* 的值及其随 β 变化的曲线图（见表 2-1 和图 2-1）。类似地，我们对 β 赋予一些特殊值，并给出相对于不同 β 值的最优的国有股份比重 α_W^* 的值及其随 k 变化的曲线图（见表 2-2 和图 2-2）。

表 2-1 　　最优的国有股份比重 α_W^* 随 β 变化的情况

β	$\alpha^*(k=12)$	$\alpha^*(k=16)$	$\alpha^*(k=24)$	$\alpha^*(k=32)$
0.02	0.851703	0.796813	0.688976	0.583658
0.04	0.853414	0.793651	0.678295	0.568182
0.06	0.855131	0.790514	0.667939	0.553506
0.08	0.856855	0.787402	0.657895	0.539568
0.10	0.858586	0.784314	0.648148	0.526316
0.12	0.860324	0.781250	0.638686	0.513699
0.14	0.862069	0.778210	0.629496	0.501672
0.16	0.863821	0.775194	0.620567	0.490196
0.18	0.865580	0.772201	0.611888	0.479233
0.20	0.867347	0.769231	0.603448	0.468750
0.22	0.869121	0.766284	0.595238	0.458716
0.24	0.870902	0.763359	0.587248	0.449102
0.26	0.872690	0.760456	0.579470	0.439883
0.28	0.874486	0.757576	0.571895	0.431034
0.30	0.876289	0.754717	0.564516	0.422535

续表

β	$\alpha^*(k=12)$	$\alpha^*(k=16)$	$\alpha^*(k=24)$	$\alpha^*(k=32)$
0.32	0.878099	0.751880	0.557325	0.414365
0.34	0.879917	0.749064	0.550314	0.406504
0.36	0.881743	0.746269	0.543478	0.398936
0.38	0.883576	0.743494	0.536810	0.391645
0.40	0.885417	0.740741	0.530303	0.384615
0.42	0.887265	0.738007	0.523952	0.377834
0.44	0.889121	0.735294	0.517751	0.371287
0.46	0.890985	0.732601	0.511696	0.364964
0.48	0.892857	0.729927	0.505780	0.358852
0.50	0.894737	0.727273	0.500000	0.352941

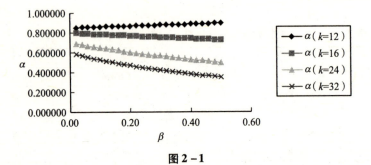

图 2 - 1

表 2 - 2　　　　最优的国有股份比重 α_W^* 随 k 变化的情况

k	$\alpha^*(\beta=0.05)$	$\alpha^*(\beta=0.10)$	$\alpha^*(\beta=0.15)$	$\alpha^*(\beta=0.20)$
10	0.886076	0.897436	0.909091	0.921053
11	0.870113	0.877863	0.885751	0.893782
12	0.854271	0.858586	0.862944	0.867347
13	0.838548	0.839599	0.840652	0.841709
14	0.822943	0.820895	0.818859	0.816832
15	0.807453	0.802469	0.797546	0.792683

续表

k	$\alpha^*(\beta=0.05)$	$\alpha^*(\beta=0.10)$	$\alpha^*(\beta=0.15)$	$\alpha^*(\beta=0.20)$
16	0. 792079	0. 784314	0. 776699	0. 769231
17	0. 776819	0. 766423	0. 756303	0. 746445
18	0. 761671	0. 748792	0. 736342	0. 724299
19	0. 746634	0. 731415	0. 716804	0. 702765
20	0. 731707	0. 714286	0. 697674	0. 681818
21	0. 716889	0. 697399	0. 678941	0. 661435
22	0. 702179	0. 680751	0. 660592	0. 641593
23	0. 687575	0. 664336	0. 642616	0. 622271
24	0. 673077	0. 648148	0. 625000	0. 603448
25	0. 658683	0. 632184	0. 607735	0. 585106
26	0. 644391	0. 616438	0. 590810	0. 567227
27	0. 630202	0. 600907	0. 574215	0. 549793
28	0. 616114	0. 585586	0. 557940	0. 532787
29	0. 602125	0. 570470	0. 541977	0. 516194
30	0. 588235	0. 555556	0. 526316	0. 500000
31	0. 574443	0. 540839	0. 510949	0. 484190
32	0. 560748	0. 526316	0. 495868	0. 468750

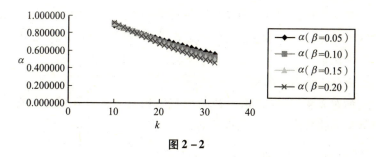

图 2 - 2

　　从表 2 - 1 及图 2 - 1 可以看出，当 $k=12$ 时，α_W^* 随 β 增加而增加；当 $k=16$、24 及 32 时，α_W^* 随 β 增加而减少。同样，从表 2 - 2 及图 2 - 2 可以看出，当 $\beta=0.05$、0.10、0.15 及 0.20 时，α_W^*

混合寡头理论及其应用

随 k 增加而减少。上述模拟结果与命题 2.3 的结论是吻合的。

现在我们从政府政策目标的角度出发，考虑在给定国有企业不同相对生产效率（用 k 衡量）的条件下，α_G^* 随 β 变化的趋势。

由式（2.11），令 $\frac{\partial G^E}{\partial E_1}=0$，可得：

$$\alpha_G^* = \frac{k-6\beta k-32\beta-80}{32\beta^2-6k\beta-16\beta-80} \tag{2.16}$$

由式（2.16）对 β 求偏导：

$$\frac{\partial \alpha_G^*}{\partial \beta} = \frac{2(96k+512)\beta^2+2(2560-32k)\beta+2(3k^2+8k+640)}{(32\beta^2-6k\beta-16\beta-80)^2}$$

$$\tag{2.17}$$

可以证明，当 $0<k<80$ 时，$\frac{\partial \alpha_G^*}{\partial \beta}>0$，也就是说，从政府的角度看，当就业压力较大时，要提高政府的收益，应当相应地增加国有企业中国有股份所占比重。

我们再由式（2.16）对 k 求偏导，可得：

$$\frac{\partial \alpha_G^*}{\partial k} = -\frac{16(12\beta^3+4\beta^2+\beta+5)}{(32\beta^2-6k\beta-16\beta-80)^2}<0 \tag{2.18}$$

式（2.18）表明，在给定就业压力的条件下，当国有企业的生产效率较低时，要增加政府的收益，就必须相应地减少最优的国有股份的比重。

由此可得以下命题。

命题 2.4 假设需求函数与成本函数具有式（2.12）的形式，则从最大化政府收益的角度考虑，有：

（1）在给定 $k(0<k<80)$ 的条件下，$\frac{\partial \alpha_G^*}{\partial \beta}>0$。

（2）在给定 $\beta(\beta\geq0)$ 的条件下，$\frac{\partial \alpha_G^*}{\partial k}<0$。

与前面的讨论相类似，为了得到具体的最优国有股份比重的值

并更好地反映 α_G^* 随着 β 变化的具体趋势，我们对 k 赋予一些特殊值，给出相对于不同 k 值的最优的国有股份比重 α_G^* 的值及其随 β 变化的曲线图（见表 2 - 3 和图 2 - 3）。类似地，我们对 β 赋予一些特殊值，并给出相对于不同 β 值的最优的国有股份比重 α_G^* 的值及其随 k 变化的曲线图（见表 2 - 4 和图 2 - 4）。

表 2 - 3　　　　最优的国有股份比重 α_G^* 随 β 变化的情况

k	$\alpha^*(\beta=0.05)$	$\alpha^*(\beta=0.10)$	$\alpha^*(\beta=0.15)$	$\alpha^*(\beta=0.20)$
0.02	0.857277	0.809464	0.715495	0.623669
0.04	0.864515	0.818678	0.730062	0.645302
0.06	0.871722	0.827668	0.743813	0.665188
0.08	0.878906	0.836458	0.756843	0.683568
0.10	0.886076	0.845070	0.769231	0.700637
0.12	0.893238	0.853524	0.781047	0.716560
0.14	0.900398	0.861837	0.792353	0.731477
0.16	0.907562	0.870024	0.803201	0.745504
0.18	0.914737	0.878099	0.813636	0.758742
0.20	0.921927	0.886076	0.823699	0.771277
0.22	0.929137	0.893966	0.833427	0.783182
0.24	0.936372	0.901779	0.842851	0.794523
0.26	0.943636	0.909526	0.851999	0.805356
0.28	0.950934	0.917215	0.860896	0.815730
0.30	0.958269	0.924855	0.869565	0.825688
0.32	0.965646	0.932454	0.878027	0.835269
0.34	0.973067	0.940018	0.886299	0.844506
0.36	0.980538	0.947554	0.894399	0.853431
0.38	0.988061	0.955068	0.902340	0.862069
0.40	0.99564	0.962567	0.910138	0.870445
0.42	1.003277	0.970055	0.917804	0.878582
0.44	1.010977	0.977537	0.925351	0.886497
0.46	1.018743	0.985020	0.932787	0.894210
0.48	1.026577	0.992506	0.940123	0.901737
0.50	1.034483	1.000000	0.947368	0.909091

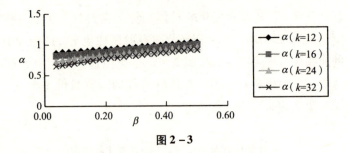

图 2 – 3

表 2 – 4　　　　　最优的国有股份比重 α_G^* 随 k 变化的情况

k	$\alpha^*(\beta=0.05)$	$\alpha^*(\beta=0.10)$	$\alpha^*(\beta=0.15)$	$\alpha^*(\beta=0.20)$
10	0.891065	0.907424	0.924129	0.941227
11	0.879552	0.896677	0.913955	0.931455
12	0.868121	0.886076	0.903979	0.921927
13	0.856771	0.875617	0.894196	0.912633
14	0.845502	0.865299	0.884599	0.903566
15	0.834311	0.855117	0.875184	0.894716
16	0.823199	0.845070	0.865945	0.886076
17	0.812165	0.835155	0.856878	0.877639
18	0.801208	0.825369	0.847977	0.869397
19	0.790326	0.815710	0.839239	0.861345
20	0.779520	0.806175	0.830658	0.853474
21	0.768789	0.796762	0.822231	0.845780
22	0.758131	0.787468	0.813953	0.838257
23	0.747546	0.778292	0.805821	0.830898
24	0.737034	0.769231	0.797831	0.823699
25	0.726593	0.760282	0.789979	0.816655
26	0.716222	0.751445	0.782261	0.809760
27	0.705922	0.742716	0.774674	0.803009
28	0.695691	0.734095	0.767216	0.796399
29	0.685529	0.725578	0.759881	0.789925
30	0.675435	0.717164	0.752668	0.783582
31	0.665408	0.708851	0.745574	0.777367
32	0.655447	0.700637	0.738595	0.771277

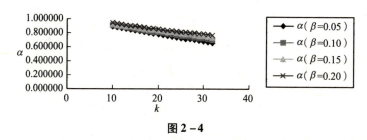

图 2 - 4

从表 2 - 3 及图 2 - 3 可以看出，当 k = 12、16、24 及 32 时，α_G^* 随 β 增加而增加。同样，从表 2 - 4 及图 2 - 4 可以看出，当 β = 0.05、0.10、0.15 及 0.20 时，α_G^* 随 k 增加而减少。上述模拟结果与命题 4.2 的结论是吻合的。

综合命题 2.3 与命题 2.4 我们发现，在给定国有企业相对生产成本的条件下，如果国有企业具有较低的相对生产成本 $\left(\text{即 } k < \dfrac{40}{3}\right)$，则无论是从社会效率的角度考虑还是从政府政策目标的角度考虑，最优的国有股份比重与就业压力应当同向变动，即随着 β 的增加，α_G^* 与 α_W^* 也会相应增加；然而，值得注意的是，如果国有企业的相对生产成本高于某一临界指标 $\left(\text{即 } k > \dfrac{40}{3}\right)$，则社会效率目标所要求最优的国有股份比重与就业压力呈反向变动，而政府政策目标则要求两者呈同向变动。此时，要增进社会效率就必然损害政府收益，而兼顾政府收益就必须牺牲社会效率，所以政府政策目标与社会效率目标两者不可能同时兼顾。

另外，在给定社会就业压力 β 的条件下，无论国有企业的生产效率如何，社会效率目标与政府的政策目标都是要求最优的国有股份比重与国有企业的生产效率呈同向变动，即 α^* 与 k 呈反向变动。换句话说，在既定的社会压力条件下，无论是从社会效率的角度还是从政府政策目标的角度看，国有企业的生产效率越低，则国有企业民营化改革的程度就越大。

需要进一步说明的是，当 $\beta > 0$ 且 $k > 0$ 时，式（2.14）与式（2.16）没有公共解。从直观上看，这一结果也是显然的，因为政府的政策目标与社会效率目标是不一致的，因此，最大化政府的政策目标与最大化社会效率目标所要求的最优国有股份比重是不同的，即 $\alpha_W^* \neq \alpha_G^*$。但值得注意的是，从表2-1（图2-1）、表2-3（图2-3）可以看出，在给定相同的就业压力的条件下，当 $k < \dfrac{40}{3}$ 时最大化政府政策目标所要求的最优国有股份比重 α_G^* 与最大化社会效率目标所要求的最优国有股份比重 α_W^* 之间的差距，小于当 $k > \dfrac{40}{3}$ 时 α_G^* 与 α_W^* 之间的差距。也就是说，当国有企业的生产效率较高 $\left(k < \dfrac{40}{3}\right)$ 时，政府政策目标 G 与社会效率目标 W 之间的冲突程度，要小于当国有企业生产效率较低 $\left(k > \dfrac{40}{3}\right)$ 时 G 与 W 之间的冲突程度。

2.5　模型的扩展：外国竞争者的情形

鉴于中国已经正式成为世界贸易组织的成员，并将在今后几年中逐步降低对 WTO 成员的关税，最终实现贸易自由化，因而我们在本节进一步引入外国企业的竞争因素，对基本模型进行扩展，讨论关税变化对各类企业产出的影响以及在实行完全的贸易自由化条件下国有股份比重的变化对政府支付和社会效率的影响。

假设现在市场上有三个企业：国有企业、民营企业以及外国企业，我们将其分别表示为企业1、企业2和企业3。与前面的假设相类似，这三个企业生产相同的产品且产品间具有完全的替代性。作为一个外国企业，在没有实现贸易自由化以前，企业3必须对单位产品支付一定的关税，我们用 $t \geq 0$ 表示，其中 $t = 0$ 表示完全取消关税壁垒或实现完全的贸易自由化。因此，企业3的利润函数 π_3 可表示为：

$$\pi_3 = P(Q)Q_3 - C_3(Q_3) - tQ_3 \qquad (2.19)$$

此时，政府通过对企业3征收关税可获得关税收入 tQ_3。所以社会效率由三部分构成：生产者剩余、消费者剩余以及政府的关税收入，即：

$$W = \pi_1 + \pi_2 + CS + tQ_3 = \int_0^{Q_1+Q_2+Q_3} Pdq - C_1(Q_1) - C_2(Q_2) - PQ_3 + tQ_3$$

$$(2.20)$$

相应地，政府的目标函数变为：

$$G = W + \beta PQ_1 = \beta PQ_1 - C_1 - C_2 - (P-t)Q_3 + \int_0^{Q_1+Q_2+Q_3} Pdq$$

$$(2.21)$$

与前面的讨论类似，国有企业、民营企业与外国企业分别最大化它们各自的效用函数 U_1、U_2 和 U_3，其中：

$$U_1 = (1-\alpha+\alpha\beta)PQ_1 - C_1 - \alpha C_2 + \alpha \int_0^{Q_1+Q_2+Q_3} Pdq - \alpha Q_3(P-t)$$

$$(2.22)$$

$$U_2 = PQ_2 - C_2 \qquad (2.23)$$

$$U_3 = \pi_3 = PQ_3 - C_3 - tQ_3 \qquad (2.19)$$

为讨论方便，我们将原来的假设1和假设2作如下调整。

假设 1′　$\forall Q \geq 0$，$P > 0$，$P(Q)$ 是二次可微的，且 $P'(Q) < 0$，其中 $Q = Q_1 + Q_2 + Q_3$。

假设 2′　$\forall Q_i \geq 0$，$C_i'(Q_i) > 0$，且 $C_i''(Q_i) \geq 0$，$i = 1, 2, 3$。

由式（2.22）、式（2.23）、式（2.19）分别对 Q_1、Q_2 和 Q_3 求导，根据一阶条件可得：

$$P'(1-\alpha+\alpha\beta)Q_1 + (1+\alpha\beta)P - C_1' - \alpha P'Q_3 = 0 \qquad (2.24)$$

$$P'Q_2 + P - C_2' = 0 \qquad (2.25)$$

$$P'Q_3 + P - (C_3' + t) = 0 \qquad (2.26)$$

联立方程（2.24）、（2.25）、（2.26），可以得到三个企业各自的均衡产出 $E_1(\alpha, \beta, t)$、$E_2(\alpha, \beta, t)$ 和 $E_3(\alpha, \beta, t)$，我们同样把总产出记为 $E = E_1 + E_2 + E_3$。

进一步，我们对基本模型的假设 3 作如下调整。

假设 3′ 与式（2.24）、式（2.25）、式（2.26）相关的二阶条件成立。

与前面的讨论相类似，我们将假设 4 作如下调整。

假设 4′ $-1 < \dfrac{\partial R_i}{\partial Q_j} < 0$，$i, j = 1, 2, 3$，且 $i \neq j$。

下面我们考虑国有股份比重 α 的变化对均衡产出 E_i 的影响。

由式（2.24）、（2.25）、（2.26）分别对 α 求偏导，得到：

$$\frac{\partial E_1}{\partial \alpha} K_1 + \frac{\partial E_2}{\partial \alpha} H_1 + \frac{\partial E_3}{\partial \alpha} L_1 = (1-\beta) P' E_1 - \beta P + P' E_3 \quad (2.27)$$

$$\frac{\partial E_1}{\partial \alpha} [P''E_2 + P'] + \frac{\partial E_2}{\partial \alpha} [P''E_2 + 2P' - C_2''] + \frac{\partial E_3}{\partial \alpha} [P''E_2 + P'] = 0$$
$$(2.28)$$

$$\frac{\partial E_1}{\partial \alpha} [P''E_3 + P'] + \frac{\partial E_2}{\partial \alpha} [P''E_3 + P'] + \frac{\partial E_3}{\partial \alpha} [P''E_3 + 2P' - C_3''] = 0$$
$$(2.29)$$

将式（2.27）、（2.28）、（2.29）联立，记其系数行列式的值为 Δ_1，则：

$$\frac{\partial E_1}{\partial \alpha} = \frac{\Delta_{23}}{\Delta_1} [(1-\beta) P' E_1 - \beta P + P' E_3] \qquad (2.30)$$

$$\frac{\partial E_2}{\partial \alpha} = -\frac{1}{\Delta_1} [(1-\beta) P' E_1 - \beta P + P' E_3] (P''E_2 + P') (P' - C_3'')$$
$$(2.31)$$

$$\frac{\partial E_3}{\partial \alpha} = -\frac{1}{\Delta_1} [(1-\beta) P' E_1 - \beta P + P' E_3] (P''E_3 + P') (P' - C_2'')$$
$$(2.32)$$

其中：$\Delta_1 \equiv \begin{vmatrix} K_1 & H_1 & L_1 \\ P''E_2 + P' & P''E_2 + 2P' - C_2'' & P''E_2 + P' \\ P''E_3 + P' & P''E_3 + P' & P''E_3 + 2P' - C_3'' \end{vmatrix}$

$K_1 \equiv P''[(1 - \alpha + \alpha\beta)E_1 - \alpha E_3] + P'(2 - \alpha + 2\alpha\beta) - C_1''$

$H_1 \equiv P''[(1 - \alpha + \alpha\beta)E_1 - \alpha E_3] + P'(1 + \alpha\beta)$

$L_1 \equiv P''[(1 - \alpha + \alpha\beta)E_1 - \alpha E_3] + P'(1 - \alpha + \alpha\beta)$

$\Delta_{23} \equiv \begin{vmatrix} P''E_2 + 2P' - C_2'' & P''E_2 + P' \\ P''E_3 + P' & P''E_3 + 2P' - C_3'' \end{vmatrix}$ 为 Δ_1 的二阶顺序主子式。

我们容易得到以下引理。

引理 2.2　如果假设 1′ 至假设 4′ 满足，则有 $\dfrac{\partial E_1}{\partial \alpha} > 0$，$\dfrac{\partial E_2}{\partial \alpha} < 0$，$\dfrac{\partial E_3}{\partial \alpha} < 0$，且 $\dfrac{\partial E}{\partial \alpha} > 0$。

证明见附录 B。

引理 2.2 的经济含义是：随着国有股份比重的降低，国有企业的均衡产出会相应减少，而民营企业与外国企业的均衡产出都会相应增加，并且总产出水平会下降。这说明，国有股份比重的变化所引起的企业 2 与企业 3 的联合产出变化幅度小于企业 1 的产出变化幅度。导致这一结果的内在经济机制与引理 2.1 中所述是相同的，此处就不再予以赘述。

接下来我们再考虑国有股份比重 α 的变化对均衡的社会效率 W^E 的影响。

给定均衡产出 E_1 和 E_2，并假定 $Q_3 = R_3(Q_1, Q_2)$，由 W 的定义有：

$$W = \pi_1 + \pi_2 + CS + tQ_3 = \int_0^{Q_1 + Q_2 + Q_3} Pdq - C_1(Q_1) - C_2(Q_2) - PQ_3 + tQ_3$$

则均衡状态下的社会效率为：

$$W^E = \int_0^{E_1 + E_2 + R_3(E_1, E_2)} Pdq - C_1 - C_2 - PR_3(E_1, E_2) + tR_3(E_1, E_2)$$

由 W^E 对 α 求偏导，可得：

$$\frac{\partial W^E}{\partial \alpha} = \frac{\partial W^E}{\partial E_1}\frac{\partial E_1}{\partial \alpha} + \frac{\partial W^E}{\partial E_2}\frac{\partial E_2}{\partial \alpha}$$

其中：
$$\frac{\partial W^E}{\partial E_1} = P - C_1' + t\frac{\partial R_3}{\partial E_1} - P'R_3\left(1 + \frac{\partial R_3}{\partial E_1}\right) \qquad (2.33)$$

$$\frac{\partial W^E}{\partial E_2} = P - C_2' + t\frac{\partial R_3}{\partial E_2} - P'R_3\left(1 + \frac{\partial R_3}{\partial E_2}\right) \qquad (2.34)$$

所以有：
$$\frac{\partial W^E}{\partial \alpha} = \left[P - C_1' + t\frac{\partial R_3}{\partial E_1} - P'R_3\left(1 + \frac{\partial R_3}{\partial E_1}\right) \right]\frac{\partial E_1}{\partial \alpha} +$$

$$\left[P - C_2' + t\frac{\partial R_3}{\partial E_2} - P'R_3\left(1 + \frac{\partial R_3}{\partial E_2}\right) \right]\frac{\partial E_2}{\partial \alpha}$$

当 $t = 0$ 时：
$$\frac{\partial W^E}{\partial \alpha} = \left[P - C_1' - P'R_3\left(1 + \frac{\partial R_3}{\partial E_1}\right) \right]\frac{\partial E_1}{\partial \alpha} + \left[P - C_2' - P'R_3\left(1 + \frac{\partial R_3}{\partial E_2}\right) \right]\frac{\partial E_2}{\partial \alpha}$$

$$= (P - C_1')\frac{\partial E_1}{\partial \alpha} + (P - C_2')\frac{\partial E_2}{\partial \alpha} + (P - C_3')\left(1 + \frac{\partial R_3}{\partial E_1}\right)\left(\frac{\partial E_1}{\partial \alpha} + \frac{\partial E_2}{\partial \alpha}\right)$$

$$(2.35)$$

我们把式（2.35）的第一项定义为 α 的变化对企业 1 的利润空间所产生的效应，第二项为 α 的变化对企业 2 的利润空间所产生的效应，简称为效应 1 和效应 2。由于 $\frac{\partial R_3}{\partial E_1} = \frac{\partial R_3}{\partial E_2}$（见附录 B），我们将 $(P - C_3')\left|\frac{\partial R_3}{\partial E_i}\right|$ 定义为企业 i 对企业 3 的利润空间的边际替代效应，则 $(P - C_3')\left|\frac{\partial R_3}{\partial E_1}\right|\left(\frac{\partial E_1}{\partial \alpha} + \frac{\partial E_2}{\partial \alpha}\right)$ 可以看成是 α 的变化所引起的国内企业产出变化对企业 3 利润空间的替代效应。另外，$(P - C_3')$ $\left(\frac{\partial E_1}{\partial \alpha} + \frac{\partial E_2}{\partial \alpha}\right)$ 可以看成是 α 的变化所引起的国内企业边际产出变化对

企业 3 利润空间所产生的直接效应，则式（2.35）第三项可以看成是 α 的变化所引起的国内企业产出变化对企业 3 利润空间的净效应，简称为国内企业对企业 3 的净效应。并将 $(P-C'_3)$ $\left(1+\dfrac{\partial R_3}{\partial E_1}\right)$ 称为国内企业对企业 3 的边际净效应。由于 $\dfrac{\partial E_1}{\partial \alpha} > \left|\dfrac{\partial E_2}{\partial \alpha}\right|$，式（2.35）的第三项的符号为正，即 α 的增加会使得国内企业对企业 3 的净效应为正，也就是说，单纯从这一效应来看，增加 α 有助于增进社会效率。但从总体上来考虑，社会效率最终取决于以上三种效应所产生的综合影响。

由式（2.35）及引理 2.2，我们可以得到以下命题。

命题 2.5　若假设 1′ 至假设 4′ 成立，则有：

（1）当 $\alpha=1$ 时，如果 $P-C'_1<0$ 且 $|P-C'_1|>(P-C'_3)$ $\left(1+\dfrac{\partial R_3}{\partial E_1}\right)$，则 $\dfrac{\partial W^E}{\partial \alpha}\bigg|_{\substack{t=0\\ \alpha=1}}<0$，即 $1\notin \arg\max\limits_{\alpha} W^E(\alpha,\beta,0)$。

（2）当 $\alpha=0$ 时，如果 $C'_1<C'_2$，则 $\dfrac{\partial W^E}{\partial \alpha}\bigg|_{\substack{t=0\\ \alpha=1}}>0$，即 $0\notin \arg\max\limits_{\alpha} W^E(\alpha,\beta,0)$。

证明见附录 B。

命题 2.5 从社会效率的角度，给出了我国在实行贸易自由化政策后，采取完全国有控股形式的国有企业是否必须进行民营化改革以及国有企业民营化改革程度的相关条件。命题 2.5 中（1）的经济含义是：在实行完全的贸易自由化条件下，如果完全由国家控股的国有企业生产效率低下，处于亏损状态，且亏损幅度大于国内企业对企业 3 的边际净效应，则从社会效率的角度考虑，采取完全的国有化形式不能最大化社会效率，因而必须对完全由国家控股的国有企业实行民营化改革。

为了说明命题 2.5 中（1）的合理性，我们仍通过一个具体的数值例子来予以印证。

【例 2-3】令 $P = a - Q_1 - Q_2 - Q_3$, $C_1 = \dfrac{1}{2}k_1Q_1^2$, $C_2 = \dfrac{1}{2}k_2Q_2^2$, $C_3 = \dfrac{1}{2}k_3Q_3^2$, 其中 $k_i > 0$ ($i = 1$, 2, 3), 则当 $\alpha = 1$ 时, 有 $P - C_1' < 0$, 且 $|P - C_1'| > (P - C_3')\left(1 + \dfrac{\partial R_3}{\partial E_1}\right)$ 成立。

当 $C_1' < C_2'$ 时, 由式 (2.35) 可知, 效应 1 为正, 效应 2 为负, 且效应 1 大于效应 2 的绝对值, 而国内企业对企业 3 的净效应为正, 因此, 总体社会效率会增加。命题 2.5 中 (2) 说明: 在实行完全的贸易自由化条件下, 如果国有企业完全不承担社会性负担, 即作为一个单纯追求利润最大化的经济主体进行生产决策时, 倘若其边际成本小于民营企业的边际成本, 则不应该对国有企业进行彻底的民营化改革, 否则就会降低总体的社会效率。也就是说, 如果国有企业的生产效率不低于民营企业的生产效率, 那么, 从社会效率的角度考虑, 就应当对国有企业保留一定程度的国有控股。其中的原因在于, 总体社会福利必须同时兼顾消费者剩余与国有企业利润两个因素, 而完全的民营化虽然能够提高企业的利润, 但由引理 5.1, 社会总产出就会减少, 由此带来消费者剩余的减少, 进而降低总体社会效率。举出具体的例子来印证这一命题是容易的, 我们就不再予以赘述。

以下再讨论国有股份比重 α 的变化对均衡的政府支付 G^E 的影响。

由于 $\dfrac{\partial G^E}{\partial \alpha} = \dfrac{\partial G^E}{\partial E_1}\dfrac{\partial E_1}{\partial \alpha} + \dfrac{\partial G^E}{\partial E_2}\dfrac{\partial E_2}{\partial \alpha}$, 我们需要求出 $\dfrac{\partial G^E}{\partial E_1}$ 与 $\dfrac{\partial G^E}{\partial E_2}$。同样, 给定均衡产出 E_1 和 E_2, 并假定 $Q_3 = R_3(Q_1, Q_2)$。

由 G^E 分别对 E_1 和 E_2 求偏导, 得到:

$$\frac{\partial G^E}{\partial E_1} = P'\left(1 + \frac{\partial R_3}{\partial E_1}\right)(\beta E_1' - R_3) + (1+\beta)P - C_1' + t\frac{\partial R_3}{\partial E_1}$$

$$\left.\frac{\partial G^E}{\partial E_1}\right|_{t=0} = P'\left(1 + \frac{\partial R_3}{\partial E_1}\right)(\beta E_1 - R_3) + (1+\beta)P - C_1' \quad (2.36)$$

$$\frac{\partial G^E}{\partial E_2} = P'\left(1 + \frac{\partial R_3}{\partial E_2}\right)(\beta E_1 - R_3) + P - C_2' + t\frac{\partial R_3}{\partial E_2}$$

$$\left.\frac{\partial G^E}{\partial E_2}\right|_{t=0} = P'\left(1 + \frac{\partial R_3}{\partial E_2}\right)(\beta E_1 - R_3) + P - C_2' \quad (2.37)$$

则有：

$$\left.\frac{\partial G^E}{\partial \alpha}\right|_{t=0} = \left[P'\left(1 + \frac{\partial R_3}{\partial E_1}\right)(\beta E_1 - R_3) + (1+\beta)P - C_1'\right]\frac{\partial E_1}{\partial \alpha}$$

$$+ \left[P'\left(1 + \frac{\partial R_3}{\partial E_2}\right)(\beta E_1 - R_3) + P - C_2' + t\frac{\partial R_3}{\partial E_2}\right]\frac{\partial E_2}{\partial \alpha}$$

$$(2.38)$$

由式（2.38）及引理 2.2，我们有以下命题。

命题 2.6　若假设 1′至假设 4′满足：

（1）当 $\alpha = 1$，$t = 0$ 时，如果 $(P - C_1') + \beta P < 0$，则 $1 \notin \arg\max\limits_{\alpha} G^E$。

（2）当 $\alpha = 0$，$t = 0$ 时，如果 $P - C_1' + \beta P > P - C_2'$，则 $0 \notin \arg\max\limits_{\alpha} G^E$。

命题 2.6 的经济含义是：对于一个完全由国家控股的国有企业而言，如果其生产效率十分低下，其亏损额度低于临界指标 βP，则在实行完全的贸易自由化条件下（$t = 0$），政府从自身支付最大化的角度出发，应当对其进行民营化改革；相反，如果国有企业与民营企业的生产效率差异不大，小于临界指标 βP，则政府应当对国有企业保留一定的股份控制权，即对国有企业采取完全私有控股的形式不是政府的最优选择。因此，命题 2.6 就从政府支付的角度具体明确了国有企业不能采取完全国有或完全民营形式的充分条件。

下面我们再考虑关税率 t 的变化对均衡产出 $E_i(i = 1, 2, 3)$ 的影响。

由一阶条件对 t 求偏导，得到：

$$\frac{\partial E_1}{\partial t}K_1 + \frac{\partial E_2}{\partial t}H_1 + \frac{\partial E_3}{\partial t}L_1 = 0 \tag{2.39}$$

$$\frac{\partial E_1}{\partial t}(P''E_2 + P') + \frac{\partial E_2}{\partial t}(P''E_2 + 2P' - C_2'') + \frac{\partial E_3}{\partial t}(P''E_2 + P') = 0 \tag{2.40}$$

$$\frac{\partial E_1}{\partial t}(P''E_3 + P') + \frac{\partial E_2}{\partial t}(P''E_3 + P') + \frac{\partial E_3}{\partial t}(P''E_3 + 2P' - C_3'') = 1 \tag{2.41}$$

从式（2.39）、式（2.40）和式（2.41）我们可以得到：

$$\frac{\partial E_1}{\partial t} = \frac{1}{\Delta_1}\begin{vmatrix} H_1 & L_1 \\ P''E_2 + 2P' - C_2'' & P''E_2 + P' \end{vmatrix} \tag{2.42}$$

$$\frac{\partial E_2}{\partial t} = -\frac{1}{\Delta_1}\begin{vmatrix} K_1 & L_1 \\ P''E_2 + P' & P''E_2 + P' \end{vmatrix} = -\frac{1}{\Delta_1}(P''E_2 + P')(K_1 - L_1)$$

$$= -\frac{1}{\Delta_1}(P''E_2 + P')[P'(1 + \alpha\beta) - C_2''] \tag{2.43}$$

$$\frac{\partial E_3}{\partial t} = \frac{\Delta_{12}}{\Delta_1} \tag{2.44}$$

其中，$\Delta_{12} \equiv \begin{vmatrix} K_1 & H_1 \\ P''E_2 + P' & P''E_2 + 2P' - C_2'' \end{vmatrix}$ 是 Δ_1 的顺序主子式。

由假设 1′ 至假设 4′ 以及二阶条件可知，式（2.43）的符号为正，式（2.44）的符号为负。但式（2.42）的符号却是不确定的，我们可以举一个简单的例子来予以说明。假设需求曲线为线性，并且 $P' = -1$，民营企业的边际成本为常数，则 $\frac{\partial E_1}{\partial t} = \frac{1}{\Delta_1}[\alpha(1 - \beta) - (1 - \alpha)]$，显然它的符号取决于 α 和 β 的具体取值。例如，当 $\alpha = \frac{1}{4}$，$\beta = \frac{1}{2}$ 时，$\frac{\partial E_1}{\partial t} > 0$；但当 $\alpha = \frac{3}{4}$，$\beta = \frac{1}{2}$ 时，却有 $\frac{\partial E_1}{\partial t} < 0$。

由以上讨论我们有下列命题。

命题 2.7　如果满足假设 1′ 至假设 4′，则 $\dfrac{\partial E_2}{\partial t} > 0$，$\dfrac{\partial E_3}{\partial t} < 0$，sign $\dfrac{\partial E_1}{\partial t}$ 不确定。

命题 2.7 表明，随着关税率的降低，外国企业的成本会相应降低，因而外国企业的产出会增加，民营企业的产出会减少，但对国有企业产出的影响却是不确定的，它取决于国有股份的比重 α 以及政府对就业压力的重视程度 β。

导致上述结果的原因在于，关税下降所产生的冲击效应主要体现为对企业利润的冲击，而国有企业在进行生产决策的时候不是以追求利润最大化为单一目标，它必须同时兼顾社会性负担。这样，与其他类型的企业相比，其利润目标在生产决策中的重要程度就相对降低了，国有企业的均衡产出水平在一定程度上还取决于它所承受的社会性负担，在本章中体现为 α 和 β 的具体取值。所以关税下降对国有企业均衡产出影响的方向是不确定的。α 的取值越小，国有企业的生产决策行为就越接近于以单纯追求利润最大化为目标的民营企业，关税下降对它的影响就会越大。在上述特殊例子中，如果 $\alpha = 0$，则有 $\dfrac{\partial E_1}{\partial t} > 0$，即：在完全民营化的条件下，若外国企业的成本降低（关税率 t 下降），则会导致国有企业产出的缩减。这与直观是吻合的，因为此时国有企业的生产决策与民营企业完全一样，以利润最大化为目标而无须兼顾社会性负担。

由于 sign $\dfrac{\partial E_1}{\partial t}$ 的不确定，我们难以在现有模型框架下讨论 t 对社会效率 W 与政府支付 G 的影响，有兴趣的读者可以对这一问题作进一步的探讨，或对模型作进一步的扩展。

2.6　结　　语

国有企业改革的成功与否，已经成为关系到国计民生和社会稳定的关键因素。长期以来，国有企业一直在吸纳城镇劳动力、提供社会保障等方面发挥着社会稳定器的作用。冗员现象的存在和庞大的退休职工队伍，使国有企业在追求利润的同时必须承担一定的社会性任务，因而在分析国有企业改革问题时就不能不考虑它所承担的社会性负担。

当前，我国正尝试通过国有股减持的方式对国有企业进行深层次的改革，而国有股减持的程度本质上就是一个国有企业内部国有股份所占比重的问题。本章通过在国有企业的目标函数中引入其所承担的社会性负担，将之与国有股份的比重联系起来，并假定两者之间存在正比例关系，分别就封闭经济与开放经济的情形讨论国有股份比重的变化对社会效率以及政府支付的影响。分析表明，无论是从社会效率的角度还是从政府政策目标的角度，最优的国有股份比重的选择都必须考虑各类企业的生产成本、它们产出之间的边际替代效应以及整个社会的就业压力等因素的影响。在满足某些特定条件的情形下，完全的国有化或完全的民营化都不能最大化社会效率或政府支付。另外，关于关税变化对各类企业均衡产出的影响，我们还得出了一个出人意料的结论：关税的降低并不一定会减少国有企业的均衡产出。在模型结果的模拟部分，还分别给出了最大化社会效率目标以及政府政策目标的最优的国有股份比重的具体值及其与整个社会的就业压力以及国有企业的相对生产效率三者之间的相互关系。

我们的模拟分析中有一个值得注意的结论：政府的政策目标与社会效率目标是有冲突的，而这种冲突程度的大小又取决于国有企业本身的相对生产成本。当国有企业的生产成本低于某一临界值时，从社会效率目标与政府政策目标两个角度来看，最优的国有股份比重都与就业压力的大小呈同向变化。此时，政府的政策目标与社会效率目标具有相对一致性，因此，要尽可能地协调政府政策目标与社会效率目标，就必须提高国有企业的相对生产效率。从这种意义上考虑，我们的结果可以在一定程度上为现行的国有企业所有制结构改革提供一定的理论借鉴。

本章可以从以下两个方面作进一步的扩展。首先，本章的讨论是在完全信息的条件下进行的，这种假设有利于简化问题的讨论，使国有股份比重的最优选择与各类企业成本条件之间的联系更清晰明了。有兴趣的读者可以在国有企业的成本函数中引入不完全信息，作进一步的研究。其次，在本章的模型框架下，未能就关税变化对社会总体福利和政府支付的影响问题得出明确的结论，这一问题有待作进一步的深入探讨。

附录 A

引理 2.1 的证明

由式（2.5）、式（2.6）分别对 Q_1 和 Q_2 求导，根据假设 3，二阶条件成立，可得：

$$P''(1 - \alpha + \alpha\beta)Q_1 + P'(2 - \alpha + 2\alpha\beta) - C_1'' < 0$$

即：

$$K < 0 \tag{A.1}$$

$$P''Q_2 + 2P' - C_2'' < 0 \tag{A.2}$$

$$\Delta > 0$$

又由式（2.5）、式（2.6），我们可推出以下等式：

$$\frac{\partial R_1}{\partial Q_2} = -\frac{P''(1 - \alpha + \alpha\beta)Q_1 + P'(1 + \alpha\beta)}{P''(1 - \alpha + \alpha\beta)Q_1 + P'(2 - \alpha + 2\alpha\beta) - C_1''} = -\frac{H}{K} \tag{A.3}$$

$$\frac{\partial R_2}{\partial Q_1} = -\frac{P''Q_2 + P'}{P''Q_2 + 2P' - C_2''} \tag{A.4}$$

又因为 $-1 < \dfrac{\partial R_1}{\partial Q_2} < 0$，且 $-1 < \dfrac{\partial R_2}{\partial Q_1} < 0$，有：

$$-1 < -\frac{P''Q_2 + P'}{P''Q_2 + 2P' - C_2''} < 0 \qquad （A.5）$$

由式（A.2）和式（A.5）可知 $P''Q_2 + P' < 0$，并且：

$$|P''E_2 + P'| < |P''E_2 + 2P' - C_2''| \qquad （A.6）$$

现在我们已经证明了 $P''Q_2 + 2P' - C_2'' < 0$，$P''Q_2 + P' < 0$，以及 $\Delta > 0$，又因为 $(1-\beta)P'Q_1 - \beta P < 0$。故有结论：$\dfrac{\partial E_1}{\partial \alpha} > 0$，$\dfrac{\partial E_2}{\partial \alpha} < 0$。

又由式（2.9）、式（2.10）以及式（A.6）我们容易得出：

$$\frac{\partial E_1}{\partial \alpha} > \left| \frac{\partial E_2}{\partial \alpha} \right|$$

从而有：

$$\frac{\partial E}{\partial \alpha} > 0$$

命题 2.1 的证明

我们记 $\dfrac{\partial W}{\partial Q_1}\bigg|_{Q_1 = E_1} = \dfrac{\partial W^E}{\partial E_1}$，则有：

$$\frac{\partial W^E}{\partial E_1} = P(1 + R_2') - C_1' - C_2' R_2' = (P - C_1') + R_2'(P - C_2') \quad （A.7）$$

从而有 $\dfrac{\partial W^E}{\partial \alpha} = \dfrac{\partial W^E}{\partial E_1} \dfrac{\partial E_1}{\partial \alpha}$，由于 $\dfrac{\partial E_1}{\partial \alpha} > 0$，$\dfrac{\partial W^E}{\partial \alpha}$ 与 $\dfrac{\partial W^E}{\partial E_1}$ 的符号相同。

由于 $R_2' < 0$，又由式（2.6）有 $P - C_2' = -P'Q_2 > 0$，则 $R_2'(P - C_2') < 0$。

当 $\alpha = 1$ 时，如果 $(P - C_1') < -R_2'(P - C_2')$，则 $\dfrac{\partial W^E}{\partial \alpha} = (P - C_1') + R_2'(P - C_2') < 0$，即有 $\dfrac{\partial W^E}{\partial \alpha}\bigg|_{\alpha = 1} < 0$。

当 $\alpha = 0$ 时，如果 $(P - C_1') > -R_2'(P - C_2') > 0$，则 $\dfrac{\partial W^E}{\partial E_1} = (P - $

$C_1') + R_2'(P - C_2') > 0$，从而有 $\left.\dfrac{\partial W^E}{\partial \alpha}\right|_{\alpha = 0} > 0$。

命题 2.2 的证明

将 $\alpha = 1$ 代入一阶条件式（2.5），得到 $\beta P' E_1 + (1 + \beta) P - C_1' = 0$，代入式（2.11），则有：

$$\left.\frac{\partial G^E}{\partial E_1}\right|_{\alpha = 1} = (C_1' - C_2' - \beta P) R_2'$$

所以，当 $\alpha = 1$ 时，如果满足条件 $C_1' > C_2' + \beta P$，则有：

$$\left.\frac{\partial G^E}{\partial E_1}\right|_{\alpha = 1} < 0$$

因而有：

$$\left.\frac{\partial G^E}{\partial \alpha}\right|_{\alpha = 1} < 0$$

又将 $\alpha = 0$ 代入一阶条件式（2.5），得到：

$$P' Q_1 + P - C_1' = 0$$

则：

$$P - C_1' = - P' Q_1 > 0$$

将这一条件代入式（2.11），则有：

$$\left.\frac{\partial G^E}{\partial E_1}\right|_{\alpha = 0} = (P - C_1')(1 - \beta R_2') + \beta C_1' + (P - C_2') R_2'$$

又因为 $1 - \beta R_2' > 1$，则当 $\alpha = 0$ 时，如果满足条件 $P - C_1' > - (P - C_2') R_2'$，则 $\left.\dfrac{\partial G^E}{\partial \alpha}\right|_{\alpha = 0} > 0$。

附录 B

引理 2.2 的证明

由二阶条件以及系统的稳定性条件，可得：

$$\Delta_1 < 0 \qquad\qquad (B.1)$$

$$\Delta_{12} > 0 \qquad (B.2)$$

$$\Delta_{23} > 0 \qquad (B.3)$$

$$K_1 < 0 \qquad (B.4)$$

$$P''E_2 + 2P' - C_2'' < 0 \qquad (B.5)$$

$$P''E_3 + 2P' - C_3'' < 0 \qquad (B.6)$$

由一阶条件，可以求得：

$$\frac{\partial R_2}{\partial E_1} = -\frac{P''R_2 + P'}{P''R_2 + 2P' - C_2''} \qquad \frac{\partial R_3}{\partial E_1} = \frac{\partial R_3}{\partial E_2} = -\frac{P''R_3 + P'}{P''R_3 + 2P' - C_3''}$$

$$(B.7)$$

又因为 $-1 < \dfrac{\partial R_2}{\partial Q_1} < 0$ 以及 $-1 < \dfrac{\partial R_3}{\partial R_1} < 0$，可得：

$$P''E_2 + P' < 0 \qquad (B.8)$$

$$P''E_3 + P' < 0 \qquad (B.9)$$

由式（B.1）、式（B.3）可知，$\dfrac{\partial E_1}{\partial \alpha}$ 与 $(1-\beta)P'E_1 - \beta P + P'E_3$

的符号相反，$(1-\beta)P'E_1 - \beta P + P'E_3$ 的符号显然为负，因而有：

$$\frac{\partial E_1}{\partial \alpha} > 0$$

由式（B.8）即 $P''E_2 + P' < 0$，又因为 $P' - C_3'' < 0$，得到：

$$\frac{\partial E_2}{\partial \alpha} < 0$$

同理可得：

$$\frac{\partial E_3}{\partial \alpha} < 0$$

并且：$\dfrac{\partial E}{\partial \alpha} = \dfrac{\partial E_1}{\partial \alpha} + \dfrac{\partial E_2}{\partial \alpha} + \dfrac{\partial E_3}{\partial \alpha}$

$$= \frac{1}{\Delta_1} \big[(1-\beta)P'E_1 - \beta P + P'E_3 \big] (P' - C_2'')(P' - C_3'') > 0$$

故总产出随 α 增加而增加。

命题 2.5 的证明

由式（2.35），令 $t = 0$，得：

$$\left.\frac{\partial W^E}{\partial \alpha}\right|_{t=0} = \left[P - C_1' - P'R_3\left(1 + \frac{\partial R_3}{\partial E_1}\right)\right]\frac{\partial E_1}{\partial \alpha} + \left[P - C_2' - P'R_3\left(1 + \frac{\partial R_3}{\partial E_2}\right)\right]\frac{\partial E_2}{\partial \alpha}$$

（B.10）

因为，$-1 < \dfrac{\partial R_3}{\partial E_1} < 0$，$-1 < \dfrac{\partial R_3}{\partial E_2} < 0$，又因为，$\dfrac{\partial E_1}{\partial \alpha} > 0$，$\dfrac{\partial E_2}{\partial \alpha} < 0$，从而上式的后一项符号为负。

由一阶条件，$P - C_3' - t = -P'E_3$，且 $0 < 1 + \dfrac{\partial R_3}{\partial E_1} < 1$，所以有：

（1）当 $\alpha = 1$ 时，如果 $P - C_1' < 0$，且 $|P - C_1'| > (P - C_3')$ $\left(1 + \dfrac{\partial R_3}{\partial E_1}\right)$，则（B.10）前一项的符号为负，这样，我们有：

$$\left.\frac{\partial W^E}{\partial \alpha}\right|_{\substack{t=0 \\ \alpha=1}} < 0。$$

（2）因为 $\Delta_{23} = (P''E_2 + P')(P' - C_3'') + (P' - C_2'')(P' - C_3'')$
$$+ (P''E_3 + P')(P' - C_2'') > (P''E_2 + P')(P' - C_3'')$$

（B.11）

由式（2.30）与式（2.31）可得：

$$\frac{\partial E_1}{\partial \alpha} > \left|\frac{\partial E_2}{\partial \alpha}\right|$$

（B.12）

由式（B.7），$\dfrac{\partial R_3}{\partial E_1} = \dfrac{\partial R_3}{\partial E_2}$，代入式（B.10）得：

$$\left.\frac{\partial W^E}{\partial \alpha}\right|_{t=0} = \left[P - C_1' - P'R_3\left(1 + \frac{\partial R_3}{\partial E_1}\right)\right]\frac{\partial E_1}{\partial \alpha} + \left[P - C_2' - P'R_3\left(1 + \frac{\partial R_3}{\partial E_1}\right)\right]\frac{\partial E_2}{\partial \alpha}$$

则当 $\alpha = 0$ 时，如果满足 $C_1' < C_2'$，则有：$\left.\dfrac{\partial W^E}{\partial \alpha}\right|_{\substack{t=0 \\ \alpha=0}} > 0。$

命题 2.6 的证明

（1）令 $\alpha = 1$，由一阶条件式（2.24）可得：

$$P'(\beta E_1 - R_3) = -\left[(1+\beta)P - C_1'\right] \qquad \text{(B.13)}$$

代入式（2.36）与式（2.37），有：

$$\frac{\partial G^E}{\partial E_1}\bigg|_{\substack{t=0 \\ \alpha=1}} = \frac{\partial R_3}{\partial E_1}P'(\beta E_1 - R_3) = -\frac{\partial R_3}{\partial E_1}\left[\beta P + (P - C_1')\right]$$

$$\frac{\partial G^E}{\partial E_2}\bigg|_{\substack{t=0 \\ \alpha=1}} = -\left(1 + \frac{\partial R_3}{\partial E_2}\right)\left[\beta P + (P - C_1')\right] + P - C_2'$$

当 $\beta P + (P - C_1') < 0$ 时，$\frac{\partial G^E}{\partial E_1}\big|_{\substack{t=0 \\ \alpha=1}} < 0$，$\frac{\partial G^E}{\partial E_2}\big|_{\substack{t=0 \\ \alpha=1}} > 0$，又由引理

2.2，$\frac{\partial E_1}{\partial \alpha} > 0$，$\frac{\partial E_2}{\partial \alpha} < 0$，可得：

$$\frac{\partial G^E}{\partial \alpha}\bigg|_{\substack{t=0 \\ \alpha=1}} < 0$$

即：实行完全的贸易自由化后，$\alpha = 1$ 不是政府的最优选择。

（2）令 $\alpha = 0$，由一阶条件式（2.24）、式（2.25）、式（2.26）可得：

$$-(P - C_1') = P'E_1 < 0$$
$$-(P - C_2') = P'E_2 < 0$$
$$-(P - C_3' - t) = P'E_3 < 0$$

将上述条件代入式（2.36）与式（2.37），得到：

$$\frac{\partial G^E}{\partial E_1}\bigg|_{\substack{t=0 \\ \alpha=0}} = -\beta\frac{\partial R_3}{\partial E_1}\ (P - C_1')\ + \left(1 + \frac{\partial R_3}{\partial E_1}\right)\ (P - C_3')$$
$$+ (1 - \beta)(P - C_1') + \beta P > 0 \qquad \text{(B.14)}$$

$$\frac{\partial G^E}{\partial E_2}\bigg|_{\substack{t=0 \\ \alpha=0}} = -\beta\frac{\partial R_3}{\partial E_2}\ (P - C_1')\ + \left(1 + \frac{\partial R_3}{\partial E_2}\right)(P - C_3')$$
$$- \beta(P - C_1') + (P - C_2') \qquad \text{(B.15)}$$

式（B.15）的符号是不确定的。

由式（B.7），$\frac{\partial R_3}{\partial E_1} = \frac{\partial R_3}{\partial E_2}$，如果有条件 $P - C_1' + \beta P > P - C_2'$，则有：

$$\frac{\partial G^E}{\partial E_1}\bigg|_{\substack{t=0 \\ \alpha=0}} > \left|\frac{\partial R_3}{\partial E_2}\right|_{\substack{t=0 \\ \alpha=0}}$$

又由式（B.12），$\dfrac{\partial E_1}{\partial \alpha} > \left|\dfrac{\partial E_2}{\partial \alpha}\right|$，所以有：

$$\frac{\partial G^E}{\partial \alpha}\bigg|_{\substack{t=0 \\ \alpha=0}} > 0$$

即 $\alpha=0$ 不是政府的最优选择。

第3章

上市还是并购——混合市场中 民营化模式的内生决策

本章内容简介：何时应当采取何种模式对公有企业进行民营化？本章的分析表明，负向需求冲击可能会引发增进社会福利的民营化。当冲击的规模相对温和时，采取在股票市场上市的方式民营化公有企业是最优的；当冲击的规模足够大时，让公有企业与民营企业合并是最优的。本章还考虑了一个同时关注社会福利以及民营化收入的政府在民营化方面的决策。我们刻画了政府赋予民营化收入的权重以及通过在股票市场上市的方式进行民营化后的公有企业在生产效率方面的提高如何影响政府在民营化方面的决策。

3.1 引　　言

过去的几十年全球经历了一股民营化的浪潮。仅 2007 年一年 51 个发展中国家进行了 236 起民营化交易，总金额达到 1 326 亿美元，相比 2006 年及 2005 年分别增加了 26% 和 150%（Kikeri 和 Phipps，2008）。不同的实证研究都表明，民营化无论对社会还是企业都会产生正的效应（Megginson 等，1994；Megginson 和 Netter，2001；Megginson，2005；Megginson 和 Sutter，2006；D'Souza 等，2007）。股票市场上市以及并购是民营化最重要的两种模式（Brada，1996；Megginson 和 Netter，2001）[1]。前一种模式把公有企业重组为一家部分或完全追求利润最大化的经济主体；后一种模式则是让公有企业被民营企业吞并的横向并购，并购后公有企业在市场上不复存在。Megginson 等（2004）用 108 个国家共 2 457 起民营化的样本数据进行实证研究，发现其中的 931 家企业是通过在股票市场上市的方式进行民营化的，而剩下的 1 526 家企业则通过公有企业与民营企业进行合并的方式实施民营化。关于民营化的时机以及模式的选择总是充满争议，这些争议在公共媒体方面显得越发激烈。进行旨在增进社会福利的民营化的最佳时机是什么？民营化如何实施？本章试图通过构建一个简单模型，具体回答上述问题。

我们推导出增进社会福利的民营化需要具备两个必要条件：（1）企业间具有不同的边际生产成本；（2）所在行业经历了需求萎缩的冲击。当负向需求冲击相对温和时，用股票市场上市的方式实施民营化是最优的；当负向需求冲击的规模足够大时，采取公有企业与民营企业合并的方式实施民营化是最优的。这是因为，以股票市场上市的方式进行民营化带来产出降低的效应（与公有企业的存在所带来的促进竞争效应刚好相反），而以公有企业与民营企业合并的方式进行民营化则会同时带来产出降低和企业数目减少（兼并效应）的双重效应。当市场容量足够大时，产出增加效应显得更为重要，此时无须进行民营化。然而，当存在负向需求效应时，公有企业存在所带来的促进竞争效应变得多余，从而有必要减少产出。如果负向需求冲击相对温和，以股票市场上市的方式实施民营化会带来产出减少效应，从而足以修复市场失灵。当负向需求冲击足够大时，以公有企业与民营企业合并的方式实施民营化是社会最优的。我们还证明，增进福利的民营化也有可能是由负向供给冲击

---

① 例如，中国政府把并购看做是民营化国有企业的关键推动力，在现存 135 000 家国有企业中，每年有 4 000 ~ 5 000 家被民营化（Levine 和 Woodard，2006）。

即增加部分或全部企业成本的冲击引起的。如果政府对民营化收入赋予了足够高的权重，并且上市给民营化后的公有企业所带来的生产效率提高帮助不大时，政府不会选择以上市的形式实施民营化。反之，如果上市能带来足够大的生产效率提高，则以公有企业与民营企业合并的方式实施民营化的方式不会被政府采用。

我们模型的结论与现实是相吻合的。例如，在邮政行业，由于电子邮件的普及，传统邮件的数量在 21 世纪之初大幅减少。面对日益下滑的现实，一些国家试图通过民营化的方式来重振国营邮政服务业，使它焕发新的活力。2007 年 10 月，经营长达 136 年的日本邮政服务公司在经历连续 5 年的传统邮件处理业务业绩下滑（年均下滑 1.58%）之后，被民营化了[①]。随着越来越多的储户转向能提供高额回报的投资，银行储蓄业务同样面临下滑趋势，过去五年年均下滑 4.8%[②]。另一个例子是，在东欧和中国，由于先前的国有企业生产的过时产品在市场上遭遇寒冬，需求急剧下降，这些国有企业在 20 世纪 90 年代被大规模民营化（Frydman 等，1998；Bai 等，2000）。另外，在某些行业出现民营化，飙升的成本通常认为是最主要的原因。例如，为了应对 2005 年以来不断攀升的油价，一些国家民营化了它们的国有航空公司，如 2007 年的皇家约旦航空、2008 年的科威特航空公司以及 2009 年的乌克兰国家航空公司[③]。

我们的研究与大量关于改变企业所有制结构的民营化的理论文献密切相关。这些文献通常的设定是一个混合市场，即追求利润最大化的民营企业与考虑社会福利的国有企业进行竞争的市场。其中

---

① 关于传统邮件业务处理量以及银行存款业务的统计资料可在日本邮政控股有限公司的网页上找到，网址：www.japanpost.jp

② Nakamoto，M. *New-Look Japan Post Bank set to open doors*，Financial Times，September 30，2007.

③ 关于这些民营化方案的细节，可参阅世界银行的民营化数据库（http://rru.worldbank.org/Privatization）以及相关航空公司的网页。

重要的文献包括 De Fraja 和 Delbono（1989）以及 Matsumura（1998）。De Fraja 和 Delbono（1989）提出了一个公有企业在什么条件下应当被民营化以及在什么条件下应当最大化利润而不是社会福利①。Matsumura（1998）考虑了部分民营化的可能性以及最优的国有股份比重。

另外，我们的研究同时也与内生性横向并购的文献密切相关。横向并购的文献有两大类：外生并购与内生并购②。在外生并购的文献中，并购的结构（如谁与谁合并，谁继续维持独立）都是外生给定的。在内生并购的文献中，并购决策是由个体企业来决定的，所有企业都可以选择是否进行并购以及如何应对并购邀约，因此，内生并购可以预测最终的市场结构，这对于理解由此引发的行业动态是至关重要的。

就我们所知，几乎很少有研究考虑政府的民营化模式的选择。Bárcena-Ruiz 和 Garzón（2003）考虑了公有企业与民营企业的合并，合并后的新企业既非完全公有也非完全民营，而是介于两者之间的政府拥有一定外生比例股权的经济单位③。它们的设定对于大规模的具有战略意义的公有企业而言是合适的。然而，在绝大多数情形下，合并形成的新企业是完全私人所有的④。

本章的结构安排如下。第 3.2 节构建基本模型。第 3.3 节讨论社会计划者实施民营化的时机以及模式方面的最优决策。第 3.4 节引入一个同时关注社会福利以及民营化收入的政府，讨论其实施民营化的最佳时机以及最优模式选择。同时，我们还考察了以股票市

---

① De Fraja 和 Delbono（1989）假定所有企业具有相同的技术和递增的边际成本。De Fraja 和 Delbono（1990）对早期的研究作了很好的综述。

② 关于横向并购的早期研究，Nilssen 和 Sorgard（1998）作了很详尽的回顾，Qiu 和 Zhou（2007）对于外生并购以及部分内生并购的研究作了很好的归纳和综述。

③ 他们证明，并购决策取决于产品差异化程度以及国有控股比例。

④ 根据中华全国工商业联合会的统计，截至 2002 年，黑龙江省、天津市以及河南省共计有 4172 家国有和集体所有制企业被民营企业兼并（www. acfic. org. cn）。

场上市的方式进行民营化后获得生产效率提升的公有企业如何影响政府在民营化方面的决策。第3.5节是结语。

3.2 模 型

我们考虑这样一个行业：行业内共有 $n+1(n \geqslant 2)$ 家企业，它们生产同一种产品。企业 $i(i=0, 1, \cdots, n)$ 的边际成本为常数 $c_i \geqslant 0$。我们假定不存在企业退出的问题，企业的固定成本假定为零。考虑到民营企业通常比公有企业更有激励提高生产效率（Bös，1986；OECD，2005），我们假定民营企业相比于公有企业具有技术上的优势。令第0家企业表示公有企业，并且我们把企业按照生产效率从高往低进行排序和编号，使得 $c_1 \leqslant c_2 \leqslant \cdots \leqslant c_n \leqslant c_0$。显然，公有企业最没有效率①。反需求函数为 $p=a-Q$，其中，p 表示市场价格，a 表示市场容量。$Q = q_0 + \sum_{i=1}^{n} q_i$ 表示总产出，其中，q_0 表示公有企业的产出，$q_i(i=1, \cdots, n)$ 表示民营企业 i 的产出。

公有企业的目标是最大化社会福利，社会福利等于消费者剩余（用 CS 表示）与生产者剩余（用 $\sum_{i=0}^{n} \pi_i$ 表示，其中 $i=0, \cdots, n$）之和：

$$W = CS + \sum_{i=0}^{n} \pi_i \tag{3.1}$$

其中，π_i 具体为：

$$\pi_i = (a-Q)q_i - c_i q_i \tag{3.2}$$

CS 具体为：

---

① 需要指出的是，比公有企业效率低的民营企业，其产出都是负的（见式(3.7)）。在我们的假设之下，很容易得到一项民营化政策所带来的成本效率与生产效率之间的权衡取舍，如 Lee（2006）。然而，大部分研究，如 Lee 和 Hwang（2003），都使用一个一般化的成本函数并采取内生化的方法来处理这种权衡取舍。

$$CS = Q^2/2 \qquad (3.3)$$

企业之间展开 Cournot-Nash 博弈。为了保证所有企业的产出非负，我们假定 $a \geqslant (n+1)c_0 - \sum_{i=1}^{n} c_i$。Cournot 均衡的解 q_0，q_1，$\cdots$，q_n 满足如下一阶条件：

$$\frac{\partial W}{\partial q_0} = 0 \qquad (3.4)$$

$$\frac{\partial \pi_i}{\partial q_i} = 0 \quad i = 1, \cdots, n \qquad (3.5)$$

解上述联立方程，可得：

$$q_0 = a - (n+1)c_0 + \sum_{i=1}^{n} c_i \qquad (3.6)$$

$$q_i = c_0 - c_i \quad i = 1, \cdots, n \qquad (3.7)$$

企业 i 的利润为：

$$\pi_i = (c_0 - c_i)^2 \quad i = 1, \cdots, n \qquad (3.8)$$

社会福利为：

$$W = \left(\frac{1}{2}a - c_0 \right)a + \left(n + \frac{1}{2} \right)c_0^2 - 2c_0 \sum_{i=1}^{n} c_i + \sum_{i=1}^{n} c_i^2$$

$$(3.9)$$

社会计划者可通过选择如下两种模式之一来民营化公有企业：在股票市场上市或者通过公有企业与民营企业合并。如果上市，公有企业将被卖给私人投资者，其目标由社会福利最大化变为追求利润最大化[①]。另外，当公有企业通过并购的方式进行民营化时，按照 Salant 等（1983）以及 Qiu 和 Zhou（2007）的逻辑，由于边际成本是常数，并购后形成的新企业将关掉原来高成本的企业，只使用低成本企业进行生产。

我们用上标 s 表示上市后的情形，用 m 表示并购后的情形，用

---

① 在现实中，当政府选择通过在股票市场上市的方式进行民营化时，最大股东可能是原来市场中的民营企业，也可能是其他私人投资者，前一种情形大体上可通过我们下文讨论的公有企业与民营企业合并的方式予以刻画和分析。

b 表示初始的混合市场情形，即一家公有企业与 n 家民营企业进行竞争的情形。令 $\Delta W^{s-b} \equiv W^s - W^b$ 和 $\Delta W^{m-b} \equiv W^m - W^b$ 分别表示上市前后以及合并前后社会福利的变化。令 $\Delta W^{s-m} \equiv W^s - W^m$ 表示上市与并购相比的社会福利变化。我们假定追求最大化 W 的社会计划者选择上市当且仅当 $\Delta W^{s-b} > 0$ 且 $\Delta W^{s-m} \geq 0$，选择合并当且仅当 $\Delta W^{m-b} > 0$ 且 $\Delta W^{s-m} < 0$。[①]

对于上市的情形，我们假定，当且仅当上市后的利润 π_0^s 不小于上市的价格 T^s，私人投资者才会选择去获得民营化后的公有企业的所有权，即 $\pi_0^s - T^s \geq 0$。对于并购的情形，我们假定企业可以彼此合并，但每一次合并只能发生在两家企业之间。令 $i+j$ 表示由企业 i 和企业 j 合并形成的新企业，它的边际成本为 $\min\{c_i, c_j\}$。我们用 $\Delta \pi_{i,j}^m \equiv \pi_{i+j}^m - \pi_i^b - \pi_j^b$ 表示企业 i 和企业 j 进行合并的获利情况，其中 π_{i+j}^m 表示合并后的新企业所获得的利润。我们称合并是合算的当且仅当 $\Delta \pi_{i,j}^m \geq 0$。我们假定有利可图是民营企业愿意参与合并的一个必要条件，无利可图的合并不会发生。于是，我们马上得到如下引理。

引理 3.1 在一个混合市场中，任意两家具有不同的常数边际成本的民营企业彼此进行合并都是不合算的。[②]

证明：见附录。

在 Cournot 竞争中，任何并购所带来的获利情况取决于两股力量的相互作用——内部化并购企业之间的竞争，这对并购主体而言是有利的。另外，由于并购后竞争减少，对不参与并购的企业而言具有正的外部性，但对参与并购的企业而言则会受损。Salant 等

---

① 我们假定当 $\Delta W^{s-b} = 0$ 且 $\Delta W^{m-b} = 0$ 时，社会计划者选择维持混合市场。另外，当 $\Delta W^{s-m} = 0$ 时，社会计划者将选择上市而不是公有企业与民营企业合并。

② 显然，引理的结论在下面两种情形下依然成立：（1）民营企业具有相同的常数边际成本，而公有企业具有更高的边际成本；（2）在其他条件不变的情况下，同时存在好几家公有企业。

（1983）证明，如果企业具有相同的常数边际成本，第二股力量总是占优，且任意两家民营企业之间的合并都不会发生。另外，Qiu和Zhou（2007）证明，如果企业具有异质性，而这种异质性体现为不同的常数边际成本，则通过并购带来的生产效率的提高，加上第一股力量，可能会占优于第二股力量，从而引发并购。此处，我们证明了，在一个混合寡头市场中，如果企业之间具有不同的常数边际成本，则任意两家民营企业之间的合并都不会发生。这是因为，两家进行合并的民营企业不能够内部化彼此之间的竞争，而只有公有企业能够利用两家民营企业间的合并"搭便车"[①]。结果是，第二股力量占优。换句话说，Qiu和Zhou（2007）所预测的并购浪潮在混合市场中不会发生。

根据引理3.1，我们考虑一个两阶段的不合作博弈[②]。参与人包括社会计划者、私人投资者以及民营企业。在第一阶段，社会计划者面临三个选择：维持混合市场、让公有企业在股票市场上市以及发出公有企业与民营企业合并的要约。如果社会计划者选择维持混合市场，则民营化不会发生，博弈直接进入第二阶段。如果社会计划者选择上市，给定这是一个完美信息博弈，社会计划者能够确定一个价格 T^s，使得私人投资者愿意在该价格下获取公有企业的所有权。在这种情形下，第二阶段将出现 $n+1$ 家民营企业。如果社会计划者选择发出公有企业与民营企业合并的要约，给定完美信息，社会计划者能够从 n 家民营企业中确定接受并购要约的目标企业 i 以及并购的价格 T_i^m。我们假定 T^s 和 T_i^m 各自都有一个下界（即保留价格），为简单起见，我们把保留价格标准化为零。在第二阶

---

① 在两家民营企业进行合并后，只有公有企业会增加其产出（见式（3.6）和式（3.7））；同时也要注意到，在一个混合市场中如果只有一家公有企业，则价格将被设定为公有企业的边际成本（De Fraja 和 Delbono，1987）。

② 一些研究者采用合作博弈来分析内生并购，如 Barros（1998）、Horn 和 Persson（2001）以及 Banal-Estañol 等（2008）。这里之所以采用非合作博弈，是因为我们的重点是企业之间的战略行为。

段，所有市场上剩下的企业进行 Cournot 竞争。我们用逆向归纳法来求解这个博弈。

3.3 民营化模式的内生选择

我们先考虑在股票市场上市的情形，即民营化后市场上将存在 $n+1$ 家民营企业。令 $N \equiv \{0, 1, 2, \cdots, n\}$ 且 $C_N \equiv \sum_{j=0}^{n} c_j$，民营化后企业 $j(j \in N)$ 的产出以及利润为：

$$q_j^s = \frac{a + C_N}{n+2} - c_j \qquad (3.10)$$

$$\pi_j^s = (q_j^s)^2 = \left[\frac{a + C_N}{n+2} - c_j\right]^2 \qquad (3.11)$$

民营化后的社会福利为：

$$W^s = \sum_{j=0}^{n} q_j^s + \left(\frac{1}{2}\right)\left(\sum_{j=0}^{n} q_j^s\right)^2 \qquad (3.12)$$

我们接着讨论社会福利的变化。如果所有企业的边际成本相同，即 $c_j = c$，$j = 0, 1, \cdots, n$，则由式（3.9）及式（3.12），我们有：

$$\Delta W^{s-b}\big|_{c_j = c, j = 0, 1, \cdots, n} = -\frac{(a-c)^2}{2(n+2)^2} < 0 \qquad (3.13)$$

因此，如果所有企业具有相同的边际成本，社会计划者不会通过上市的方式进行民营化。

为了计算上的简便，在下文的讨论中，我们令 $c_j = j - 1$，其中 $j = 1, \cdots, n$ 且 $c_0 = n$[①]。而且，为了保证企业在所有情形下的产出

---

① 我们的结论不依赖于这个假设。

都为正，我们假定 $a > \tilde{a} \equiv \dfrac{n(n+3)}{2}$①。

由式（3.12），上市后的社会福利为：

$$W^s = \frac{(n+1)^2(2a-n)^2}{8(n+2)^2} + \frac{[2a+n(n+1)][2a-n(n+3)](n+1)}{4(n+2)^2}$$

$$+ \frac{n(n+1)(2n+1)}{6} \tag{3.14}$$

由式（3.9），混合市场下的社会福利等于：

$$W^b = \left(\frac{1}{2}a - n\right)a + \frac{3}{2}n^2 + \frac{n(n-1)(2n-1)}{6} \tag{3.15}$$

因此，我们有：

$$\Delta W^{s-b} = \frac{1}{8(n+2)^2}g(a) \tag{3.16}$$

其中，$g(a) \equiv -4a^2 + 4n(n^2+4n+5)a - n^2[(n+1)^2(2n+5)+4(n+2)^2]$。容易证明，$\Delta W^{s-b} > 0$ 当且仅当 $\tilde{a} \equiv \dfrac{n(n+3)}{2} < a < \bar{a} \equiv \dfrac{n(2n^2+7n+7)}{2}$。

接下来我们考虑公有企业与民营企业合并的情形，此时合并后市场上将剩下 n 家民营企业。令 $N' \equiv \{1, 2, \cdots, n\}$ 且 $C_{N'} \equiv \sum_{j=1}^{n} c_j$，则合并后企业 $j(j \in N')$ 的产出和利润分别为：

$$q_j^m = \frac{(a+C_{N'})}{(n+1)} - c_j \tag{3.17}$$

$$\pi_j^m = (q_j^m)^2 = \left[\frac{(a+C_{N'})}{(n+1)} - c_j\right]^2 \tag{3.18}$$

---

① 为了保证混合市场情形下的产出为正，我们需要假设 $a > \tilde{a}$。为了保证上市情形下产出为正，我们需要假设 $a > \tilde{a}$。为了保证并购情形下产出为正，我们需要假设 $a > \dfrac{(n^2+n-2)}{2}$。显然，$\dfrac{(n^2+n-2)}{2} < \tilde{a}$。

合并后的社会福利为：

$$W^m = \sum_{j=1}^{n} q_j^{m2} + \left(\frac{1}{2}\right)\left(\sum_{j=1}^{n} q_j^m\right)^2 \qquad (3.19)$$

如果所有企业的边际成本都相同，即 $c_j = c(j=0, 1, \cdots, n)$，则由式（3.9）及式（3.19），我们发现：

$$\Delta W^{m-b}\Big|_{c_j=c,j=0,1,\cdots,n} = -\frac{(a-c)^2}{2(n+1)^2} < 0 \qquad (3.20)$$

因此，如果所有企业具有相同的边际成本，社会计划者不会选择通过公有企业与民营企业合并的方式进行民营化。

由式（3.19），合并后的社会福利为：

$$W^m = \frac{n^2(2a+1-n)^2}{8(n+1)^2} + \frac{n[2a+n(n-1)][2a-(n-1)(n+2)]}{4(n+1)^2}$$

$$+ \frac{n(n-1)(2n-1)}{6} \qquad (3.21)$$

由式（3.15），我们有：

$$\Delta W^{m-b} = -\frac{1}{8(n+1)^2}f(a) \qquad (3.22)$$

其中，$f(a) \equiv 4a^2 - 4n(n^2+3n+4)a + n^2(2n^3+11n^2+20n+15)$。显然，$\Delta W^{m-b} > 0$ 当且仅当 $\frac{n(n+3)}{2} \equiv \tilde{a} < a < \tilde{\tilde{a}} \equiv \frac{n(2n^2+5n+5)}{2}$。

最后，我们将上市后的社会福利与合并后的社会福利进行比较：

$$\Delta W^{s-m} = \frac{1}{8(n+1)^2(n+2)^2}h(a) \qquad (3.23)$$

其中，$h(a) \equiv 4(2n+3)a^2 - 4n(n^3+6n^2+14n+11)a + n^2(2n^4+16n^3+49n^2+70n+39)$。我们发现，如果 $a \geqslant \hat{a} \equiv \frac{n(2n^3+10n^2+19n+13)}{2(2n+3)}$ 或 $a \leqslant \tilde{a} \equiv \frac{n(n+3)}{2}$，则有 $\Delta W^{s-m} \geqslant 0$。

容易看出，$\tilde{a} < \hat{a} < \tilde{\tilde{a}} < \bar{a}$。因此，我们有：（1）如果 $a \geqslant \bar{a}$，则

$\Delta W^{s-b} \leqslant 0$ 且 $\Delta W^{m-b} \leqslant 0$；（2）如果 $\hat{a} \leqslant a < \bar{a}$，则有 $\Delta W^{s-b} > 0$ 且 $\Delta W^{s-m} \geqslant 0$；（3）如果 $\tilde{a} < a < \hat{a}$，则有 $\Delta W^{m-b} > 0$ 且 $\Delta W^{s-m} < 0$。由于最初的市场结构即混合市场必定处于均衡状态，所以在最初的时候需求必然高于临界水平 $\bar{a}$。因此，在我们的模型设定下，民营化必然是由市场的负向需求冲击引发的。

接下来，我们考虑公有企业的出售价。由式（3.11），上市后被民营化的公有企业的利润为 $\pi_0^s = (q_0^s)^2 = \left[\dfrac{(a + C_N)}{(n+2)} - c_0\right]^2$。私人投资者选择获取被民营化后的公有企业的所有权当且仅当 $\pi_0^s - T^s \geqslant 0$，即 $T^s \leqslant \pi_0^s = \left[\dfrac{(a + C_N)}{(n+2)} - c_0\right]^2$。

另外，由公有企业与民营企业 i 合并后形成的新企业的利润为：

$$\pi_{0+i}^m = (q_{0+i}^m)^2 = \left[\frac{(a + C_{N'})}{(n+1)} - c_i\right]^2 \tag{3.24}$$

根据 Qiu 和 Zhou（2007）的引理 2（a），民营企业 i 接受政府的出价当且仅当：

$$\pi_{0+i}^m - \pi_i^b - T_i^m \geqslant 0 \tag{3.25}$$

把式（3.24）及式（3.8）代入式（3.25），可得：

$$T_i^m \leqslant \left[\frac{(a + C_{N'})}{(n+1)} - c_i\right]^2 - (c_0 - c_i)^2 \equiv T_i^m(c_i) \tag{3.26}$$

显然，如果满足式（3.26），则企业 i 与公有企业之间的合并是合算的。

总结一下，我们有如下命题。

命题 3.1　（i）一个增进社会福利的民营化须满足的两个必要条件是异质性成本和负向需求冲击；（ii）当负向需求冲击相对温和时，即 $\hat{a} \leqslant a < \bar{a}$，则采取在股票市场上市的方式进行民营化是最优的；（iii）当负向需求冲击足够大时，即 $\tilde{a} < a < \hat{a}$，采取公有企业与民营企业合并的方式进行民营化是最优的。

命题 3.1 可用图 3 - 1 来表示，它形象地描绘了民营化模式的选择如何随着负向需求冲击规模大小的变化而变化。当负向需求冲击不是很大时，即 $a \geqslant \bar{a}$ 时，民营化公有企业将恶化社会福利。使社会福利得到增加的民营化发生的两个必要条件，与在 Qiu 和 Zhou（2007）中得到的、使普通寡头市场中出现合并的两个必要条件是类似的，尽管在机制上两者存在差别①。众所周知，公有企业的存在会产生一个促进竞争的效应，由此导致的市场上更高的产出使消费者获益（Harris 和 Wiens，1980）。在绝大多数研究混合市场的文献中，一般都假设市场容量足够大，在这一假设下，即使公有企业是低效率的，但它的存在所带来的促进竞争效应也能部分地纠正与寡头市场相伴随的市场失灵。然而，当发生负向需求冲击时，公有企业的存在带来的促进竞争效应变得多余，此时，从最大化社会福利的角度，应当减少产出。当负向需求冲击相对温和时，可以允许低效率的公有企业继续在市场中存在。然而，我们需要把公有企业重组为一个追求利润最大化的经济主体，从而去掉促进竞争效应，我们称为产出减少效应。当负向需求冲击足够大时，从社会福利最大化的角度考虑，应当采取让公有企业与民营企业合并的方式进行民营化，这是因为，这样做可以减少企业的数目，并把原来由低效率的公有企业生产的产出转给效率更高的民营企业进行生产（产出减少效应以及合并效应）。需要指出的是，关于股票市场上市的结论对于由一家公有企业垄断的情形（$n = 0$）依然成立，即社会计划者将选择通过在股票市场上市的方式民营化在市场上处于垄断地位的公有企业，以应对规模足够大的负向需求冲击。

---

① 在一个普通市场中，如果企业具有彼此不相同的常数边际成本，则它们可以通过合并获益，这种得益是由生产效率的提高带来的。如果市场容量相对较小，则这种得益就相对较大。因此，负向需求冲击会增加合并的可能性并可能引致合并的发生。

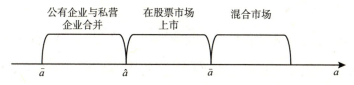

图 3 – 1 社会计划者的民营化模式选择以及负向需求冲击的规模

命题 3.1 提出的增进社会福利的民营化所需具备的两个必要条件，本质上讲是从需求的角度考虑的。然而，当前的模型也能解释导致能提高社会福利的民营化发生的其他原因。我们已经证明，民营化的发生可能是因为负向需求冲击，比如 a 下降而 $\bar{a}$ 保持不变。然而，如果 a 保持不变而 $\bar{a}$ 上升，这个条件同样可以满足。导致这种情形出现的原因可能是负向的供给冲击所带来的部分或全部企业的成本上升。因此，负向的供给冲击也可能会引发能增进社会福利的民营化的发生，这与 Qiu 和 Zhou（2007）所分析的普通寡头市场中并购的发生原因类似。公有企业与民营企业合并以后，整个市场就会变成 Qiu 和 Zhou（2007）所分析的普通的寡头市场，此时，这个市场中可能会发生并购浪潮。

特别地，公有企业边际成本的上升，或者公有企业与民营企业之间的成本差距拉大，都可能会引发能提高社会福利的民营化的发生。为了更清楚地说明这一点，我们借用 Lee（2006）的假设，即民营企业具有相同的边际生产成本（为简单起见，在下文的分析中，把民营企业的边际生产成本标准化为零），而公有企业的边际生产成本为常数 $c_0(c_0>0)$。显然，在这种情形下，民营化的决策主要取决于 c_0 以及民营企业的数目 n：（1）当 $c_0 \leqslant \dfrac{a}{2n^2+5n+1}$ 时，民营化不会发生；（2）当 $\dfrac{a}{2n^2+5n+1}<c_0\leqslant\dfrac{(2n+3)a}{(2n^2+6n+3)(n+1)}$ 时，公有企业在股票市场上市会发生；（3）当 $c_0>\dfrac{(2n+3)\ a}{(2n^2+6n+3)(n+1)}$ 时，会发生公有企业与民营企业的合并。此外，$\dfrac{\partial\left(\dfrac{a}{(2n^2+5n+1)}\right)}{\partial n}<0$，也就是说，市场中民营企业的数目越多，民营化的可能性就越高。这其中的直观解释很简单。公有企业的边际成本越高，民营化所产生的效率改进效应就越大，因此，公有企业被民营化的可能性就越大。另外，民营企业的数目越多，公有企业的存在所带来的促进竞争效应就显得越多余，因为此时企业间的竞争越激烈。

最后，我们考虑民营化的社会福利效应。显然，上市后的社会福利水平是唯一确定的，这是因为，上市导致 $n+1$ 家相同的民营企业之间的 Cournot 竞争。类似地，合并后的社会福利也是唯一确定的，这是因为，所有可能的公有企业与民营企业之间的合并都会导致 n 家相同的民营企业之间的 Cournot 竞争，而不论谁是公有企业的并购出价方。此外，民营化后的社会福利不受公有企业定价方式的影响，因为社会计划者把其手中的 1 元钱与留在公众手中的 1 元钱是等价看待的。

3.4 政府的情形

尽管公有企业如何定价不影响社会计划者的最优选择，但可能会影响私人投资者、并购伙伴以及一个同时在乎民营化收入以及社会福利的政府的福祉。此处，我们考虑一个发生在政府、私人投资者以及民营企业之间的博弈，博弈的结构与前面所讨论的类似。我们用 G 来表示政府的支付，假定政府的支付等于政府的选择所实现的社会福利 W 与民营化收入 T 的加权和，即：

$$G = W + \rho T \tag{3.27}$$

显然，政府提出民营化的必要条件是 $\Delta G \equiv \Delta W + \rho T \geq 0$。当 $\rho >$ 1 时，政府对民营化收入赋予了一个相对于社会福利更高的权重

（例如，当政府背负着沉重的财政负担时）。换句话说，此时政府认为把钱掌握在自己手中要比把钱留在公众手中更合算，这与Grossman和Helpman（1994）所分析的情形类似。反过来，当$\rho < 1$时，政府认为把钱留在公众手中要比掌握在自己手中更合算。如果政府不看重民营化收入，即$\rho = 0$，则政府就变成一个社会计划者。

令$\Delta G^{s-b} \equiv G^s - G^b$和$\Delta G^{m-b} \equiv G^m - G^b$分别表示上市以及并购前后政府支付的变化。令$\Delta G^{s-m} \equiv G^s - G^m$表示当政府的民营化方式从并购变为上市时其支付的变化。为简单起见，我们假定在决定T^s或T_i^m时，政府拥有全部的定价权①。当$\rho < 0$时，政府显然会把公有企业的售卖价格定在保留价格的水平上，即$T^s = T^m = 0$，且对谁是并购目标或者哪个私人投资者购买了公有企业都无所谓。显然，保留价格对于私人投资者和并购目标来讲都是可以接受的。

接下来我们集中分析$\rho > 0$的情形，此时政府选择给公有企业定尽可能高的售卖价格。显然，在上市的情形下，政府选择$T^s = \pi_0^s = \left[\dfrac{(a + C_N)}{(n+2)} - c_0\right]^2$，这是私人投资者能否接受的最高上市价格。在合并的情形下，由于：

$$T_i^m(c_i) - T_j^m(c_j) = 2\left[\frac{(a + C_{N'})}{(n+1)} - c_0\right](c_j - c_i) > 0 \qquad (3.28)$$

如果$c_i < c_j$，$T_i^m(c_i)$在点$c_i = c_1$取得最大值。因此，最优的并购价格为$T_1^m(c_1)$，这也是企业1能接受的最高并购价格②。换句话说，当公有企业与效率最高的民营企业进行合并时，能实现最高的并购价格。

---

① 这一假设看起来很强。然而，放宽这一假设不会影响我们的主要结论。这是因为，讨论还价能力仅仅影响民营化过程所产生的好处（剩余）在民营部门以及政府之间的分配而不影响好处的大小（Maggi和Rodríguez-Clare，1998；Yu，2000）。

② 对于$\rho > 0$的情形，政府的最优选择是下述最优问题的解：$\max\limits_{i \in \{1,2,\cdots,n\}} W + \rho T$，s.t. $T \leq T(c_i)$。由于W与目标企业的选择无关，根据式（3.28），我们知道最优解是$i = 1$。

我们继续考虑政府最优的民营化模式选择（我们用上标 g 来表示政府的情形），这可以归纳为下述命题①。

命题 3.2 （1）在 $0 < \rho \leqslant 0.25$ 的情形下，如果负向需求冲击相对温和，即 $\hat{a}^g \leqslant a < \bar{a}^g$，政府会采取股票市场上市的方式进行民营化；当负向需求冲击足够大时，即 $\tilde{a} < a < \hat{a}^g$，政府会采取公有企业与民营企业合并的方式进行民营化。（2）在 $0.25 < \rho < 0.5$ 的情形下，如果负向需求冲击相对较大，即 $\tilde{a} < a < \tilde{\tilde{a}}^g$，政府会采取公有企业与民营企业合并的方式而不是股票市场上市的方式进行民营化。（3）在 $\rho \geqslant 0.5$ 的情形下，无论市场容量的水平如何，政府都会采取公有企业与民营企业合并的方式进行民营化。

证明：见附录。

命题 3.2 可以用图 3－2 来描述。命题 3.2 意味着，当政府赋予民营化收入的权重相对较低时，即 $0 < \rho \leqslant 0.25$，命题 3.1 中所刻画的民营化选择的方式仍然成立。然而，当政府赋予民营化收入的权重相对较高时，即 $\rho > 0.25$，民营化模式的选择会发生本质的变化，此时通过股票市场上市的方式进行民营化不再是政府的最优选择。这是因为并购总能带来更高的收入（$T_1^m > T^s$）。此外，当政府对民营化收入所赋予的权重足够高时，即 $\rho \geqslant 0.5$，即使没有负向需求冲击，政府也会愿意进行民营化。这是因为，在政府看来，民营化收入通过足够大的 ρ 被放大后，总能抵偿掉福利的损失。

需要指出的是，命题 3.2 是建立在以下这一假设基础上的：通过股票市场上市的方式进行民营化不能提升公有企业的生产效率。接下来，我们放宽这一假设，考虑通过股票市场上市的方式进行民营化可以提升公有企业的效率，即其边际生产成本在上市后变为 αc_0，其中 $\alpha \in [0, 1]$，$\alpha = 0$ 表示上市后被民营化的公有企业的生

---

① 我们假定当 $\Delta G^{s-b} = 0$ 以及 $\Delta G^{m-b} = 0$ 时，政府选择维持混合市场。而且，当 $\Delta G^{s-m} = 0$ 时，政府认为采取在股票市场上市的方式要优于让公有企业与民营企业合并。

产效率变为与最有效率的民营企业一样，$\alpha=1$ 表示上市没有带来生产效率的提升，其他条件不变。

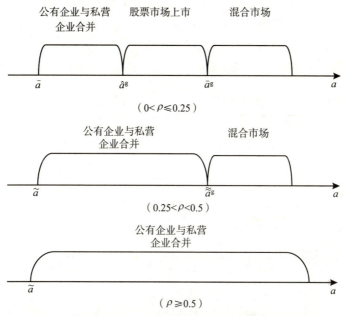

图 3 - 2 政府民营化模式的选择以及负向需求冲击的规模

我们通过数值模拟的方式，具体探讨我们的结论如何随着 α 不同取值的变化而变化，即采取股票市场上市的方式进行民营化能带来效率提升时，民营化模式的选择如何受到负向需求冲击的影响。$n=20$ 的结果我们归纳为图 3 - 3、图 3 - 4 和图 3 - 5[①]。图 3 - 3 描绘了 $\rho<0.5$ 的情形。当 $\rho<0.5$ 时，取决于 α 和 ρ 的不同组合，我们得到四种不同的情形，分别对应于图 3 - 3 中的（1）~（4）。具体来讲，当 α 的取值相对适中时，即处于图 3 - 3 中的区域（2）和区域

①　n 取不同的值，对数值模拟的结果没有本质上的影响。为了节省空间，我们此处仅仅给出 $n=20$ 的结果，读者如想获取 n 取其他数值的结果，可与笔者联系。

(3)，民营化模式的选择与命题 3.2（i）相同；当 α 很接近 1 且 $0.25 \leqslant \rho < 0.5$ 时，即图 3-3 中的区域（4），民营化模式的选择可用命题 3.2（ii）来刻画。然而，当 α 取值足够小时，即图 3-3 中的区域（1），则相对较大规模的负向需求冲击会引发政府采取通过股票市场上市的方式进行民营化，且此时的政府不会考虑通过公有企业与民营企业合并的方式实施民营化。这与命题 3.2 是不一样的。

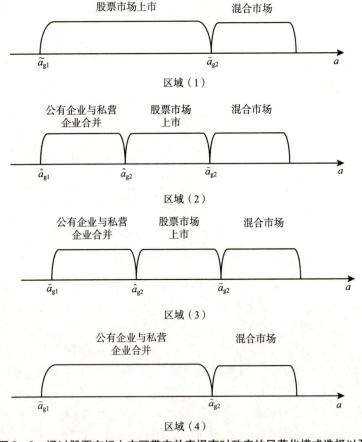

图 3-3　通过股票市场上市可带来效率提高时政府的民营化模式选择以及负向需求冲击的规模（$0 < \rho < 0.5$）

　　图 3 - 4 描绘了 $n = 20$ 及 $\rho = 0.5$ 的情形。由图 3 - 5 我们可以看出，当 $\rho = 0.5$ 时，会出现三种情形，即线段 AB、线段 BC 以及线段 CD，这三种情形分别代表了 α 取值的大小。我们数值模拟的结果显示，当 α 足够小时（线段 AB），即使没有负向需求冲击，政府也会选择通过上市的方式进行民营化，这与命题 3.2 是不一样的。

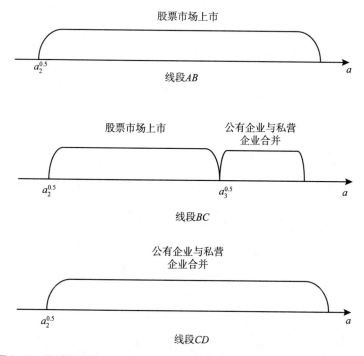

图 3 - 4　通过股票市场上市可带来效率提高时政府的民营化模式选择以及负向需求冲击的规模 ($\rho = 0.5$，上标 0.5 表示这种情形)

　　对于 $\rho > 0.5$ 的情形，由于通过公有企业与民营企业合并的方式进行民营化所获得的民营化收入，要远远大于通过股票市场上市的方式进行民营化所获得的民营化收入，所以尽管上市可以带来很大的效率提高，政府也宁愿选择让公有企业与民营企业进行合并。

换句话说，即便考虑公有企业通过上市的方式进行民营化能获得生产效率的提高这一情形，命题 3.2（iii）仍然成立。

3.5　结　　语

本章证明了民营化可能会由于负向需求冲击或者负向供给冲击而触发，因为负向冲击使得公有企业的存在所带来的促进竞争效应变得多余。本章还证明了民营化的时机和模式选择在很大程度上取决于政府对民营化收益所赋予的权重。我们的分析至少部分地回答了以下两个关于民营化的问题：为什么民营化不总是能增进社会福利？为什么政府会偏爱某些民营化的模式？

本章结论具有以下局限性。第一，关于公有企业的定价问题，在许多情况下往往是多回合的政治互动的结果。因此，在今后的研究中可加入对政治互动过程的考虑。第二，没有像 Matsumura（1998）那样考虑部分民营化的可能性。第三，假设合并没有产生标准的规模经济效应，这个假设有点太牵强。第四，还可进一步考虑腐败与民营化之间的联系，如 Shleifer（1998）、Shleifer 和 Vishny（1998）以及 Bjorvatn 和 Søreide（2005）那样，因为腐败可能会在很大程度上影响民营化方案的决策和结果。第五，分析时采用了线性需求函数，这可能会使讨论得出过于简单的推论。

附　　录

引理 3.1 的证明

假定企业 i 与企业 j 合并，其中 $c_i < c_j$，则合并后形成的新企业的边际成本变为 c_i。由式（3.8），我们有 $\pi_{i+j}^m = (c_0 - c_i)^2 = \pi_i^b$。显然，$\Delta\pi_{i,j}^m = -\pi_j^b \leqslant 0$。

命题 3.2 的证明

为计算的方便，令 $c_j = j - 1$，其中，$j = 1$，$\cdots$，n 且 $c_0 = n$。于是，有 $T^s = \dfrac{[2a - n(n+3)]^2}{4(n+2)^2}$ 且 $T_1^m = \dfrac{[2a - n(n+3)][2a + n(3n+1)]}{4(n+1)^2}$。显然，$T_1^m > T^s$。这是因为合并会产生两个效应：替代效应和竞争内部化效应。很明显，让最有效率的民营企业（其边际成本为零）生产原来由被民营化的公有企业生产的全部产出 $\left(q_0 = \dfrac{a + C_N}{n+2} - c_0\right)$ 可以产生效率增进。更具体地，假设被民营化的公有企业使用效率最高的民营企业的技术进行生产，则相应的假想利润（用 π_0^h 来表示）要大于通过上市方式进行民营化的公有企业的利润 $\pi_0^s = \left(\dfrac{a + C_N}{n+2} - c_0\right)^2$，即 $\pi_0^h > \pi_0^s$。此外，如果允许效率最高的民营企业进一步调整其产出会产生更高的效率增进，即 $\pi_{0+1}^m > \pi_0^h + \pi_1^b$。其中，$\pi_1^b$ 表示效率最高的民营企业在民营化之前的利润。因而有 $T_1^m = \pi_{0+1}^m - \pi_1^b > \pi_0^h > T^s = \pi_0^s = \left(\dfrac{a + C_N}{n+2} - c_0\right)^2$。

此外，容易证明：

$$\Delta G^{s-b} \equiv G^s - G^b = \Delta W^{s-b} + \rho T^s = -\frac{1}{8(n+2)^2} k_1(a) \quad (\text{A.1})$$

$$\Delta G^{m-b} \equiv G^m - G^b = \Delta W^{m-b} + \rho T_1^m = -\frac{1}{8(n+1)^2} k_2(a) \quad (\text{A.2})$$

$$\Delta G^{s-m} \equiv G^s - G^m = \Delta W^{s-m} + \rho(T^s - T_1^m) = \frac{1}{8(n+1)^2(n+2)^2} k_3(a)$$
$$(\text{A.3})$$

其中：

$$k_1(a) \equiv 4(1 - 2\rho)a^2 - 4n[(n^2 + 4n + 5) - 2\rho(n+3)]a$$
$$+ n^2[(n+1)^2(2n+5) + 4(n+2)^2 - 2\rho(n+3)^2]$$
$$k_2(a) \equiv 4(1 - 2\rho)a^2 - 4n[n^2 + (3 + 2\rho)n + 2(2 - \rho)]a$$

$$+ n^2 \left[2n^3 + (11 + 6\rho)n^2 + 20(1 + \rho)n + 3(5 + 2\rho) \right]$$

$$k_3(a) \equiv 4(2n + 3)(1 - 2\rho)a^2 - 4n\left[(1 + 4\rho)n^3 + (6 + 16\rho)n^2 \right.$$
$$+ 14(1 + \rho)n + (11 - 2\rho) \left] a + n^2 \left[2(1 + 4\rho)n^4 \right.\right.$$
$$+ (16 + 60\rho)n^3 + (49 + 154\rho)n^2 + (70 + 152\rho)n$$
$$+ (39 + 42\rho) \left]\right.$$

显然，对于 $\rho < 0.5$ 的情形，$\Delta G^{s-b} > 0$ 当且仅当 $\tilde{a} \equiv \dfrac{n(n+3)}{2} < a <$

$\bar{a}^g \equiv \dfrac{n\left[2n^2 + 7n + 7 - 2\rho(n+3) \right]}{2(1 - 2\rho)}$；$\Delta G^{m-b} > 0$ 当且仅当 $\tilde{a} \equiv \dfrac{n(n+3)}{2} < a <$

$\tilde{\tilde{a}}^g \equiv \dfrac{n\left[2n^2 + 5n + 5 + 2\rho(3n+1) \right]}{2(1 - 2\rho)}$；$\Delta G^{s-m} \geqslant 0$ 当 且 仅 当 $a \geqslant \hat{a}^g \equiv$

$\dfrac{n\left[2(1 + 4\rho)n^3 + (10 + 36\rho)n^2 + (19 + 46\rho)n + (13 + 14\rho) \right]}{2(2n + 3)(1 - 2\rho)}$ 或者 $a \leqslant \tilde{a} \equiv$

$\dfrac{n(n+3)}{2}$。此外，产出为正的假设排除掉 $a \leqslant \tilde{a} \equiv \dfrac{n(n+3)}{2}$ 这种情形。当

$0 < \rho \leqslant 0.25$ 时，$\hat{a}^g \leqslant \tilde{\tilde{a}}^g \leqslant \bar{a}^g$；当 $0.25 < \rho < 0.5$ 时，$\bar{a}^g < \tilde{\tilde{a}}^g < \hat{a}^g$。

因此，当 $0 < \rho \leqslant 0.25$ 时，我们有：（i）如果 $a > \bar{a}^g$，则有 $\Delta G^{s-b} < 0$ 且 $\Delta G^{m-b} < 0$；（ii）如果 $\hat{a}^g \leqslant a < \bar{a}^g$，则有 $\Delta G^{s-b} > 0$ 且 $\Delta G^{s-m} \geqslant 0$；（iii）如果 $\tilde{a} < a < \hat{a}^g$，则有 $\Delta G^{m-b} > 0$ 且 $\Delta G^{s-m} < 0$。另外，当 $0.25 < \rho < 0.5$ 时，我们有：（i）如果 $a > \tilde{\tilde{a}}^g$，则有 $\Delta G^{s-b} < 0$ 且 $\Delta G^{m-b} < 0$；（ii）如果 $\tilde{a} < a < \tilde{\tilde{a}}^g$，则有 $\Delta G^{m-b} > 0$ 且 $\Delta G^{s-m} < 0$。$\Delta G^{s-b} > 0$ 且 $\Delta G^{s-m} \geqslant 0$ 的情形不存在。

对于 $\rho = 0.5$ 的情形，$\Delta G^{s-b} > 0$ 当且仅当 $a > \tilde{a} \equiv \dfrac{n(n+3)}{2}$；

$\Delta G^{m-b} > 0$ 当且仅当 $a > \tilde{a} \equiv \dfrac{n(n+3)}{2}$；$\Delta G^{s-m} \geqslant 0$ 当且仅当 $a \leqslant \tilde{a} \equiv$

$\dfrac{n(n+3)}{2}$。此外，产出为正可排除掉 $a \leqslant \tilde{a} \equiv \dfrac{n(n+3)}{2}$ 的情形。因此，无论市场容量 a 的大小如何，公有企业与民营企业合并总是优于混

合市场以及股票市场上市。

对于 $\rho > 0.5$ 的情形，ΔG^{s-b} 的符号是不确定的；$\Delta G^{m-b} > 0$ 当且仅当 $a < \tilde{\tilde{a}}^g \equiv \dfrac{n[2n^2 + 5n + 5 + 2\rho(3n+1)]}{2(1-2\rho)} < 0$ 或者 $a > \tilde{a} \equiv \dfrac{n(n+3)}{2}$；$\Delta G^{s-m} \geq 0$ 当且仅当 $\hat{a}^g \equiv \dfrac{n[2(1+4\rho)n^3 + (10+36\rho)n^2 + (19+46\rho)n + (13+14\rho)]}{2(2n+3)(1-2\rho)} \leq a \leq \tilde{a} \equiv \dfrac{n(n+3)}{2}$。此外，产出为正的假设排除掉 $a \leq \tilde{a} \equiv \dfrac{n(n+3)}{2}$ 的情形，$\Delta G^{m-b} > 0$ 且 $\Delta G^{s-m} < 0$ 总是成立的，这意味着，无论市场容量 a 的大小如何，公有企业与民营企业合并总是优于混合市场以及股票市场上市。

数值模拟结果

我们假定当公有企业通过股票市场上市的方式进行民营化时，其边际生产成本变为 αc_0，其中 $\alpha \in [0, 1]$。为计算上的简便，令 $c_j = j - 1$，其中 $j = 1, \cdots, n$ 且 $c_0 = n$。则有 $T^s = \dfrac{[2a + (1-2\alpha)n^2 - n(1+2\alpha)]^2}{4(n+2)^2}$ 且 $T_1^m = \dfrac{[2a - n(n+3)][2a + n(3n+1)]}{4(n+1)^2}$。

此外，容易证明：

$$\Delta G^{s-b} \equiv G^s - G^b = \Delta W^{s-b} + \rho T^s = -\frac{1}{8(n+2)^2} r_1(a) \quad (A.4)$$

$$\Delta G^{m-b} \equiv G^m - G^b = \Delta W^{m-b} + \rho T_1^m = -\frac{1}{8(n+1)^2} r_2(a) \quad (A.5)$$

$$\Delta G^{s-m} \equiv G^s - G^m = \Delta W^{s-m} + \rho(T^s - T_1^m) = \frac{1}{8(n+1)^2(n+2)^2} r_3(a) \quad (A.6)$$

其中：

$$r_1(a) \equiv 4(1-2\rho)a^2 - \{4n[n^2 + 2(3-\alpha)n + (11-6\alpha)]$$

$$+8\rho n[\,(1-2\alpha)n-(1+2\alpha)\,]\,\}\,a$$
$$+n^2\{\,[\,(n-1+2\alpha)^2(2n+5)+4(n+2)^2(3-2\alpha^2)\,]$$
$$-2\rho[\,(1-2\alpha)n-(1+2\alpha)\,]^2\,\}$$

$$r_2(a)\equiv4(1-2\rho)a^2-4n[\,n^2+(3+2\rho)n+2(2-\rho)\,]a$$
$$+n^2[\,2n^3+(11+6\rho)n^2+20(1+\rho)n+3(5+2\rho)\,]$$

$$r_3(a)\equiv4(2n+3)(1-2\rho)a^2+4n[\,(1-2\alpha-4\rho\alpha)n^3$$
$$+(4-10\alpha-4\rho-12\rho\alpha)n^2-(14\alpha+2\rho+12\rho\alpha)n$$
$$+(6\rho-4\rho\alpha-5-6\alpha)\,]a+n^2[\,(2-8\alpha+8\alpha^2+8\rho$$
$$-8\rho\alpha+8\rho\alpha^2)n^4+(40\alpha^2-28\alpha+4+44\rho-16\rho\alpha$$
$$+32\rho\alpha^2)n^3+(68\alpha^2-12\alpha-7+106\rho+48\rho\alpha^2)n^2$$
$$+(48\alpha^2+28\alpha-6+104\rho+16\rho\alpha+32\rho\alpha^2)n$$
$$+(12\alpha^2+20\alpha+7+26\rho+8\rho\alpha+8\rho\alpha^2)\,]$$

显然，$r_2(a)=k_2(a)$，且如果 $\rho\neq0.5$，则方程 $r_2(a)=0$ 的两个根

分别为 $\tilde{a}_{g1}\equiv\dfrac{n(n+3)}{2}$ 和 $\tilde{a}_{g2}\equiv\dfrac{n[\,2n^2+5n+5+2\rho(3n+1)\,]}{2(1-2\rho)}$。

令 $d\equiv4(1-2\rho)$

$$e_1\equiv-\{4n[\,n^2+2(3-\alpha)n+(11-6\alpha)\,]$$
$$+8\rho n[\,(1-2\alpha)n-(1+2\alpha)\,]\}$$

$$f_1\equiv n^2\{\,[\,(n-1+2\alpha)^2(2n+5)+4(n+2)^2(3-2\alpha^2)\,]$$
$$-2\rho[\,(1-2\alpha)n-(1+2\alpha)\,]^2\,\}$$

$$e_2\equiv4n[\,(1-2\alpha-4\rho\alpha)n^3+(4-10\alpha-4\rho-12\rho\alpha)n^2$$
$$-(14\alpha+2\rho+12\rho\alpha)n+(6\rho-4\rho\alpha-5-6\alpha)\,],$$

$$f_2\equiv n^2[\,(2-8\alpha+8\alpha^2+8\rho-8\rho\alpha+8\rho\alpha^2)n^4+(40\alpha^2-28\alpha$$
$$+4+44\rho-16\rho\alpha+32\rho\alpha^2)n^3+(68\alpha^2-12\alpha-7$$
$$+106\rho+48\rho\alpha^2)n^2+(48\alpha^2+28\alpha-6+104\rho+16\rho\alpha+32\rho\alpha^2)n$$
$$+(12\alpha^2+20\alpha+7+26\rho+8\rho\alpha+8\rho\alpha^2)\,]$$

如果 $\rho\neq0.5$，假定方程 $r_1(a)=0$ 的实根存在，我们用 $\bar{a}_{g1}$ 和 $\bar{a}_{g2}$ 来表示。类似地，假定方程 $r_3(a)=0$ 的实根存在，我们用 $\hat{a}_{g1}$ 和 $\hat{a}_{g2}$ 来

表示，则：

$$\bar{a}_{g1} = \frac{-(e_1 + \sqrt{e_1^2 - 4df_1})}{2d}$$

$$\bar{a}_{g2} = \frac{(\sqrt{e_1^2 - 4df_1} - e_1)}{2d}$$

$$\hat{a}_{g1} = \frac{-(e_2 + \sqrt{e_2 - 4(2n+3)df_2})}{2(2n+3)d}$$

$$\hat{a}_{g2} = \frac{(\sqrt{e_2 - 4(2n+3)df_2} - e_2)}{2(2n+3)d}$$

显然，当 $\alpha = 1$ 时，$\bar{a}_{g1} = \tilde{a}_{g1} = \hat{a}_{g1} = \frac{n(n+3)}{2}$。为了保证在 $\rho \neq 0.5$ 的情形下产出为正，假设 $a > \max(\bar{a}_{g1}, \tilde{a}_{g1}, \hat{a}_{g1})$。

接下来考虑 $\rho = 0.5$ 的情形。表达式 $r_1(a)$、$r_2(a)$ 和 $r_3(a)$ 将分别被简化为 a 的线性函数。用 $a_1^{0.5}$、$a_2^{0.5}$ 和 $a_3^{0.5}$ 分别表示满足条件 $r_1(a_1^{0.5}) = 0$、$r_2(a_2^{0.5}) = 0$ 以及 $r_3(a_3^{0.5}) = 0$ 的 a。显然，$\Delta G^{s-b} > 0$ 当且仅当：

$$-4n\{[n^2 + 2(3-\alpha)n + (11-6\alpha)] + [(1-2\alpha)n - (1+2\alpha)]\}a$$
$$+ n^2\{[(n-1+2\alpha)^2(2n+5) + 4(n+2)^2(3-2\alpha^2)]$$
$$- [(1-2\alpha)n - (1+2\alpha)]^2\} < 0 \qquad (A.7)$$

$\Delta G^{m-b} > 0$ 当且仅当：

$$a > a_2^{0.5} \equiv \frac{n(n+3)}{2} \qquad (A.8)$$

$\Delta G^{s-m} \geq 0$ 当且仅当：

$$4n[(1-4\alpha)n^3 + (2-16\alpha)n^2 - (20\alpha+1)n - (2+8\alpha)]a$$
$$+ n^2[(6-12\alpha+12\alpha^2)n^4 + (56\alpha^2 - 36\alpha + 26)n^3 + (92\alpha^2 - 12\alpha + 46)n^2$$
$$+ (64\alpha^2 + 36\alpha + 46)n + (16\alpha^2 + 24\alpha + 20)] \geq 0 \qquad (A.9)$$

此外，为保证所有企业在 $\rho = 0.5$ 的情形下产出为正，我们假定 $a > a_2^{0.5} \equiv \frac{n(n+3)}{2}$。

　　n 取不同值不会从本质上改变数值模拟的结果。为节省空间，此处仅给出 $n=20$ 时的结论（见图 3-5）。图 3-5 中，横轴表示 ρ，纵轴表示 α。图 3-5 按照边界曲线 EB、EC、FG、CH 以及 AD 可分为 6 个区域，其中，区域（1）与区域（2）的边界 EB，对应于情形 $0 < \hat{a}_{g1} = \hat{a}_{g2} = \bar{a}_{g1} = \tilde{a}_{g1} < \tilde{a}_{g2} < \bar{a}_{g2}$；区域（2）与区域（3）的边界 EC，对应于情形 $0 < \hat{a}_{g1} = \tilde{a}_{g1} = \bar{a}_{g1} < \hat{a}_{g2} < \tilde{a}_{g2} < \bar{a}_{g2}$；区域（3）与区域（4）的边界 FG，对应于情形 $0 < \hat{a}_{g1} < \tilde{a}_{g1} < \bar{a}_{g1} < \hat{a}_{g2} = \tilde{a}_{g2} = \bar{a}_{g2}$；区域（5）与区域（6）的边界 CH，对应于情形 $0 < \hat{a}_{g1} = \tilde{a}_{g1} = \bar{a}_{g1}$；$AD$ 表示情形 $\rho = 0.5$。政府关于民营化方案的时机以及方式的选择在图 3-5 中的不同区域是不一样的。

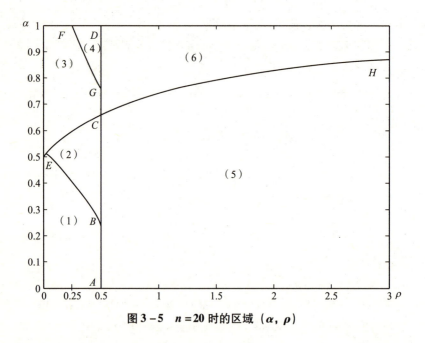

图 3-5　$n=20$ 时的区域（α，ρ）

　　加上产量为正的假设，即 $a > \max(\bar{a}_{g1}, \tilde{a}_{g1}, \hat{a}_{g1})$，可以发现，当 $0 < \rho < 0.5$ 时，（i）在区域（1），如果 $\tilde{a}_{g1} < a < \bar{a}_{g2}$，则政府会采

取股票市场上市的方式实施民营化，而公有企业与民营企业合并的情形不会发生；（ii）在区域（2），如果 $\hat{a}_{g2} \leq a < \bar{a}_{g2}$，则政府会采取股票市场上市的方式实施民营化，如果 $\hat{a}_{g1} < a < \hat{a}_{g2}$，则政府会采取让公有企业与民营企业合并的方式进行民营化；（iii）在区域（3），如果 $\hat{a}_{g2} \leq a < \bar{a}_{g2}$，则政府会采取股票市场上市的方式实施民营化，如果 $\bar{a}_{g1} < a < \hat{a}_{g2}$，则政府会采取让公有企业与民营企业合并的方式进行民营化；（iv）在区域（4），如果 $\bar{a}_{g1} < a < \tilde{a}_{g2}$，则政府会采取让公有企业与民营企业合并的方式进行民营化，而不会采取股票市场上市的方式实施民营化。图 3 – 5 给出了 $0 < \rho < 0.5$ 的情形下实施民营化的最佳时机和方式选择。

当 $\rho > 0.5$ 时，数值模拟的结果显示 $\hat{a}_{g2} < 0$ 且 $\tilde{a}_{g2} < 0$；$\bar{a}_{g2} < 0$ 要么 $0 \leq \alpha < \dfrac{19}{42}$ 或者 $\dfrac{19}{42} < \alpha \leq 1$ 且 $\rho < \dfrac{22053 + 3402\alpha - 3692\alpha^2}{2(42\alpha - 19)^2}$。加上产出为正的假设，即 $a > \max(\bar{a}_{g1}, \tilde{a}_{g1}, \hat{a}_{g1})$，我们得到：当 $\rho > 0.5$ 时，无论市场容量的大小如何，政府都会选择通过公有企业与民营企业合并的方式进行民营化。

最后，当 $\rho = 0.5$ 时，数值模拟的结果证明：（1）在线段 AB，无论市场容量的大小如何，政府都会选择通过股票市场上市的方式实施民营化；（2）在线段 BC，如果 $a > a_3^{0.5}$，则政府会选择通过公有企业与民营企业合并的方式进行民营化，如果 $a_2^{0.5} < a \leq a_3^{0.5}$，则政府会通过股票市场上市的方式实施民营化；（3）在线段 CD，无论市场容量的大小如何，政府都会选择通过公有企业与民营企业合并的方式进行民营化。图 3 – 4 给出了 $\rho = 0.5$ 的情形下实施民营化的最佳时机和方式选择。

第4章

混合寡头情形下的补贴与讨价还价

本章内容简介：本章通过讨论企业获得的政府补贴如何由企业与政治家之间的讨价还价过程所内生决定，具体探讨了混合寡头情形下的政治互动。讨论了政治均衡的本质特性如何随着竞争模式、成本函数的设定以及博弈时序的变化而变化。分析表明，企业与政治家之间的讨价还价一旦发生，由此产生的社会福利有可能会比公有企业垄断情形下的社会福利更糟。

4.1 引　　言

这一章我们考虑混合寡头情形下的政治互动。所谓混合寡头，是指追求利润最大化的民营企业与公有产权的、以社会福利最大化为目标的公有企业在市场上进行竞争的市场对局①。混合寡头下的政治互动之所以重要，是因为在许多 OECD 国家中混合寡头仍然是非常重要的一种市场竞争模式（OECD，2005），而且，在混合寡头情形下我们经常观察到企业会利用它们的政治关联去影响政策的结果（例如，Li 等，2006）。一些实证研究也证实了企业的政治关联

---

① 关于混合寡头的文献很多，其中 De Fraja 和 Delbono（1990）对早期文献进行了很好的综述。

会给企业带来各种各样的好处（Brandt 和 Li，2003；Faccio，2006）。这种存在于企业与政治家之间的政治互动会对社会福利造成怎样的影响？本章的分析旨在回答这个问题。

企业参与政治与政策制定之间的关系，在许多讨论贸易政策的文献中，如 Grossman 和 Helpman（1994），Maggi 和 Rodríguez-Clare（1998），Qiu（2004），Bombardini（2008），以及 Bombardini 和 Trebbi（2009），已经被详细讨论过了。这些文献大多把政治互动模型化为一个企业与政治家们之间讨价还价的过程，即企业给政治家们提供政治献金以换取有利于它们的政策结果。然而，就我们所知，迄今为止尚无文献在混合寡头的市场环境下考虑这种政治互动。例如，虽然 White（1996）考察了混合寡头情形下的最优生产补贴，但他隐含地假定不存在企业的政治参与。

本章通过刻画最优的补贴（或者税收）如何内生地决定于企业与政治家们之间的讨价还价过程，具体考察这种政治互动。我们指出了讨价还价发生的条件以及由此给企业、政治家们以及消费者带来的影响。我们还讨论了这种政治均衡的本质特性如何随竞争模式、成本函数的设定以及博弈时序的变化而变化。我们的分析表明，当讨价还价发生时，由于政治家们对政治献金看重程度高于社会福利，由此给社会福利造成的损失是巨大的。事实上，只要政治家们对政治献金所赋予的权重足够大，其对应的社会福利水平甚至可能会低于公有企业垄断的情形。由我们的结论得出的启示是，政策制定者应当尝试去阻止民营企业与政治家们之间的这种政治互动，因为这种政治互动会带来社会福利的巨大损失。

4.2　模　　型

假设一个行业中有一家在位的公有企业（企业 1）以及一家潜

在进入的民营企业（企业 2）①。企业 1 与企业 2 生产同质产品，它们各自的产量分别用 Q_1 和 Q_2 来表示。每个企业的成本函数为：

$$C_1(Q_1) = Q_1^2 \quad C_2(Q_2) = kQ_2^2 \qquad (4.1)$$

其中，$k > 0$，用于衡量企业间的技术差距。反需求函数为：

$$P = a - Q_1 - Q_2 \qquad (4.2)$$

其中，P 表示价格；a 表示市场容量。类似于 De Fraja 和 Delbono（1990）的做法，我们的模型中假设不存在委托—代理关系等复杂的问题（例如，企业的经理人完全置于股东的监督之下），并假设公有企业的目标是最大化社会福利 W，社会福利包括两家企业的利润与消费者剩余（CS）之和，再减去生产补贴（$\gamma_1 Q_1 + \gamma_2 Q_2$）：②

$$W = K + \prod + CS - (\gamma_1 Q_1 + \gamma_2 Q_2) \qquad (4.3)$$

其中：

$$K = PQ_1 - C_1(Q_1) + \gamma_1 Q_1 \qquad (4.4)$$

表示公有企业的利润。

$$\prod = PQ_2 - C_2(Q_2) + \gamma_2 Q_2 \qquad (4.5)$$

代表民营企业的利润，$CS \equiv \int_0^{Q_1+Q_2} (a - q)\mathrm{d}q - (a - Q_1 - Q_2)(Q_1 + Q_2) = (Q_1 + Q_2)^2/2$。

　　显然，γ_1 不会影响任何一家企业的产量决策，因而公有企业没

---

① 我们将使用下述上标：0 表示不存在讨价还价，* 表示讨价还价博弈，M 表示公有企业垄断，C 表示 Cournot 下的数量竞争，B 表示 Bertrand 下的价格竞争，H 表示 Hotelling 下的价格竞争，S 表示 Stackelberg 领袖博弈。

② 在 OECD 国家中，接近 3/4 的国有企业是完全或者大部分是国有控股的（OECD，2005）。国有企业的董事会通常包括政府代表，这有助于成功推进企业从事那些能提高社会福利的经营活动。

有激励去游说政治家们①。然而，γ_2 会通过影响民营企业的产出进而影响公有企业（White，1996）。我们把游说的过程模型化为一个发生在民营企业与政治家们之间的纳什讨价还价博弈。在下文的讨论中，我们令 $\gamma_2 \equiv \gamma$。

与 Grossman 和 Helpman（1994）类似，我们假定进行补贴决策的政治家们对于掌握在他们手中的 1 元钱要比公众手中的 1 元钱更为看重，我们用 ρ 来表示这种额外的看重程度。政治家们的目标函数被设定为社会福利与来自民营企业的政治献金 Ψ（$\geqslant 0$）的加权和：

$$G = W + \rho\Psi \quad \rho \geqslant 0 \tag{4.6}$$

我们考虑一个简单的两阶段博弈。博弈的参与人包括政治家、公有企业以及民营企业。在博弈的第一阶段，民营企业与政治家们就补贴以及政治献金的水平进行讨价还价。如果谈判破裂，我们假定政治家们最大化社会福利，换句话说，谈判破裂点是社会福利最大化情形下的支付。在第二阶段，给定第一阶段政治家们的补贴选择，两家企业进行数量竞争。我们用倒推法来求解这个博弈模型。

4.3　讨价还价博弈的结果

4.3.1　第二阶段：数量竞争

在一个由一家公有企业和一家民营企业构成的混合寡头市场

---

①　后文我们将证明，通过同时求解式（4.3）和式（4.5）得到的两家企业的均衡产出与 γ_1 无关。把由此得到的均衡产出代入式（4.3），我们发现 $\frac{\partial W}{\partial \gamma_1} = 0$，这意味着 W 与 γ_1 无关，因而公有企业没有任何激励去游说政治家们。

中，通过同时最大化式（4.3）和式（4.5），我们可得到 Cournot Nash 的均衡产出 E_1^c 和 E_2^c：

$$E_1^c = \frac{(1+2k)\ a - \gamma}{5+6k} \qquad E_2^c = \frac{2a+3\gamma}{5+6k} \qquad (4.7)$$

最大化社会福利（此时讨价还价博弈不发生，即 $\Psi = 0$）的最优补贴为：

$$\gamma^{oc} = \frac{a}{1+3k} > 0 \qquad (4.8)$$

社会计划者可能会选择不让民营企业进入市场以维持公有企业的垄断地位。然而，从社会福利最大化的角度考虑，这并非最优选择。

命题 4.1 在没有政治献金的数量竞争中，社会计划者总是通过给予民营企业一个正的补贴来鼓励它进入市场。

证明：见附录。

这一结果与 White（1996，命题 1）是类似的。此处，放松监管之所以能增进社会福利，是因为寡头竞争比公有企业垄断更有效率。与此同时，补贴对提高社会福利的正向作用主要通过刺激总产出来实现，即通常所说的标准的补贴效应。

4.3.2 第一阶段：政治家与民营企业的讨价还价

政治家与民营企业的讨价还价能力分别用 $\beta(0 < \beta < 1)$ 和 $1 - \beta$ 来表示。预计到一旦谈判破裂政治家们将选择 γ^{oc}（谈判破裂点），民营企业在 $\gamma \leqslant \gamma^{oc}$ 时不会提供政治献金。令 ΔW（或 $\Delta \prod$）表示"当补贴从 γ^{oc} 增加到 γ 时 W（或 $\prod$）的变化"。当民营企业与政府的谈判从谈判破裂点开始时，民营企业得到的净收益为 $\Delta \prod - \Psi$，而政府得到的净收益为 $\Delta W + \rho \Psi$。对于 $\gamma > \gamma^{oc}$，纳什讨价还价解是下述最大化问题的解：

$$\max_{\gamma,\Psi}\left[\Delta\prod - \Psi\right]^{1-\beta}\left[\Delta W + \rho\Psi\right]^{\beta} \tag{4.9}$$

上述最优化问题等价于：

$$\max_{\gamma,\Psi}\quad (1-\beta)\ln\left[\Delta\prod(\gamma)-\Psi\right]+\beta\ln\left[\Delta W(\gamma)+\rho\Psi\right]$$

$$\tag{4.9$'$}$$

由一阶条件可得：

$$-\frac{1-\beta}{\Delta\prod - \Psi^{*C}}\frac{\partial\prod(\gamma^{*C})}{\partial\gamma}+\frac{\beta}{\Delta W+\rho\Psi^{*C}}\frac{\partial W(\gamma^{*C})}{\partial\gamma}=0$$

$$\tag{4.10}$$

$$-\frac{1-\beta}{\Delta\prod - \Psi^{*C}}+\frac{\rho\beta}{\Delta W+\rho\Psi^{*C}}=0 \tag{4.11}$$

把第二阶段的均衡结果代入式（4.10）和式（4.11），我们可求出均衡补贴以及民营企业提供的均衡政治献金：

$$\gamma^{*C}=\frac{a\left[1+2\rho(1+k)\right]}{(1+3k)-3\rho(1+k)} \tag{4.12}$$

$$\Psi^{*C}=\frac{3a^{2}\rho(1+k)^{2}(25+60k+36k^{2})\left[(1+\beta)(1+3k)-3\rho\beta(1+k)\right]}{(1+3k)^{2}(5+6k)^{2}\left[(1+3k)-3\rho(1+k)\right]^{2}}$$

$$\tag{4.13}$$

显然，$\partial\gamma^{*C}/\partial\rho>0$，$\partial\gamma^{*C}/\partial k<0$。

接下来我们通过考察政治家以及民营企业参与讨价还价博弈的激励来探讨发生讨价还价的条件。我们可以算出每一方获得的净收益：

$$\Delta\prod - \Psi^{*C}=(1-\beta)\frac{3\rho(1+k)^{2}(25+60k+36k^{2})}{(1+3k)^{2}(5+6k)^{2}\left[(1+3k)-3\rho(1+k)\right]}$$

$$\tag{4.14}$$

$$\Delta W+\rho\Psi^{*C}=\rho\beta\frac{3\rho(1+k)^{2}(25+60k+36k^{2})}{(1+3k)^{2}(5+6k)^{2}\left[(1+3k)-3\rho(1+k)\right]}$$

$$\tag{4.15}$$

如果双方都能从讨价还价中获益，则讨价还价会发生，这要求

$\Delta \prod - \Psi > 0$ 和 $\Delta W + \rho \Psi > 0$ 同时成立，即 $\rho < \dfrac{1 + 3k}{3(1 + k)}$。显然，

当 $\rho < \dfrac{1 + 3k}{3(1 + k)}$ 时，由式（4.12）和式（4.13），我们有 $\gamma^{*c} > 0$ 以

及 $\Psi^{*c} > 0$。而且，为了确保公有企业的产出非负，把式（4.12）

代入式（4.7），可得 $\rho < \dfrac{k}{1 + k}$。由于 $\dfrac{1 + 3k}{3(1 + k)} > \dfrac{k}{1 + k}$，于是我们有

下列命题。

命题 4.2　在进行数量竞争时，讨价还价发生的条件是 $\rho <$

$\dfrac{k}{1 + k}$。讨价还价会使得政治均衡补贴高于社会最优水平。

证明：见附录。

高于社会最优水平的补贴虽然使民营企业受益，但同时带来社
会福利的损失。然而，民营企业总是能够完全补偿政治家们由于提
供额外补贴造成的社会福利方面的损失，这是因为，政治家们认为
掌握在他们手中的 1 元钱比公众手中的 1 元钱的价值更高。事实
上，民营企业只要把其获得的每 1 元钱的补贴按照 $\dfrac{1}{1 + \rho}$ 的比例返回

给政治家们，就能使政治家们得到完全补偿，因为所返回的钱会被
政治家们放大 $1 + \rho$ 倍。当然，一个追求利润最大化的民营企业也
会通过增加产出来提高利润。于是，讨价还价就像一个再分配机
制，利用这个机制企业可通过政治献金的形式补偿政治家的损失。

然而，政治家们也不能过于贪心：当 ρ 超过 $\dfrac{k}{1 + k}$ 时，公有企业会被

迫退出市场。

由式（4.12）和式（4.13），我们发现一个有趣的结果：γ^{*c}
与讨价还价能力无关，而 Ψ^{*c} 却取决于讨价还价能力。这是因为式

（4.9）要求同时选择 γ 去最大化联合净收益（$\Delta \prod + \dfrac{1}{\rho} \Delta W$），以

及选择 Ψ 去最优化这些联合净收益的分配。讨价还价能力决定了每一方所能得到的联合净收益的份额。由于民营企业与政治家的讨价还价能力加起来等于 1，所以讨价还价能力在最大化联合净收益的过程中被去掉了。换句话说，相对的讨价还价能力仅仅影响民营企业与政治家之间联合净收益的分配（Maggi 和 Rodríguez-Clare，1998；Yu，2000）。

在结束本小节之前，我们再给出下列命题。

命题 4.3　当讨价还价发生时：

（i）如果 $\rho > \dfrac{1+3k}{6(1+k)}$ 并且 $k > \dfrac{1}{3}$，则 $W^{*C} < W^{MC} < W^{OC}$；否则，$W^{MC} < W^{*C} < W^{OC}$。

（ii）$CS^{MC} < CS^{OC} < CS^{*C}$ 并且 $\prod^{MC} < \prod^{OC} < \prod^{*C}$。

证明：见附录。

我们发现民营企业的进入提高了社会福利（$W^{MC} < W^{OC}$），然而，当讨价还价发生时，如果 ρ 和 k 都足够大，即 $\rho > \dfrac{1+3k}{6(1+k)}$ 且 $k > \dfrac{1}{3}$，则由此产生的社会福利水平甚至会低于公有企业垄断的情形。此时，由于民营企业的生产还不算足够有效率（相对于 $k \leqslant \dfrac{1}{3}$ 的情形），所以由 ρ 带来的足够大的社会福利扭曲效应超过了由民营企业生产所带来的效率增进效应。政治家们由于对政治献金赋予了一个额外看重的权重，所以他们认为来自民营企业的政治献金是足够的。然而，此时真实的社会福利水平会变得非常低，甚至低于公有企业垄断的情形。

需要指出的是，即使民营企业的生产比公有企业有效率，即 $k < 1$，但只要 $\rho > \dfrac{1+3k}{6(1+k)}$ 且 $k > \dfrac{1}{3}$，则由讨价还价带来的社会福利水平仍然会低于公有企业垄断的情形。因此，如果作为潜在进入者的民营企业与政治家之间会发生政治互动的话，那么需要对这个可能进入公有企业垄断行业的潜在进入者进行适当的监管。

4.4 讨 论

上述得到的主要结果是否稳健？在本节，我们将在各种不同的情形下考察结论的稳健性。

4.4.1 价格竞争情形

我们首先考虑企业进行价格竞争的情形。文献通常使用三种不同的方式去模型化产品差异化：垄断竞争模型、有差异的 Bertrand 模型以及空间竞争模型。然而，由于垄断竞争模型通常抽象掉产品间的策略互动（如产品定位以及价格竞争）以便于研究诸如产品的数目等问题（Tirole，1988，P. 288），在下文的讨论中我们仅讨论第二和第三种情况。另外，为处理上的方便，我们仅考虑两个特定的模型：Vives（1984）提出的有差异的 Bertrand 竞争模型；Hotelling 空间竞争模型。

4.4.1.1 Vives 的 Bertrand 竞争模型

为简单起见，我们假定每家企业以零生产成本生产一种差异产品。与 Vives（1984）类似，我们假定一个有代表性的消费者的目标是最大化下述形式的效用函数：

$$U(Q_1, Q_2) - P_1 Q_1 - P_2 Q_2 \equiv \alpha(Q_1 + Q_2) - \frac{1}{2}(Q_1^2 + Q_2^2) - b Q_1 Q_2$$

$$- P_1 Q_1 - P_2 Q_2$$

其中，$Q_i(i=1, 2)$ 表示企业 i 生产的产品的数量；P_i 表示企业 i 生产的产品的价格。公有企业最大化下述形式的社会福利函数：

$$W^B = \alpha(Q_1 + Q_2) - \frac{1}{2}(Q_1^2 + Q_2^2) - bQ_1Q_2 \quad \text{其中} \quad \alpha > 0 \quad \text{且} \quad -1 < b < 1$$

$$(4.16)$$

这里，α 衡量市场的规模，对应于 $b > 0$、$b = 0$ 以及 $b < 0$ 三种不同情况，两家企业的产品分别是替代、无关或者互补关系。民营企业最大化其利润 $\prod_2^B = P_2Q_2 + \gamma Q_2$。其他设定与之前章节相同。经过一些繁琐的计算，我们得到如下命题。

命题 4.4 在 Vives（1984）的 Bertrand 竞争模型中：

（ⅰ）社会计划者会通过给予民营企业一个正的补贴来鼓励它进入市场。

（ⅱ）讨价还价发生的条件是 $\rho < \dfrac{1}{2(1-b^2)}$。讨价还价会使得政治均衡补贴高于社会最优水平。

（ⅲ）当讨价还价发生时，如果 $\rho > \dfrac{1}{2\sqrt{1-b^2}(1+\sqrt{1-b^2})}$，则有 $W^{*B} < W^{MB} < W^{OB}$；否则，$W^{MB} < W^{*B} < W^{OB}$。此外，$CS^{MB} < CS^{OB} < CS^{*B}$ 且 $\prod^{MB} < \prod^{OB} < \prod^{*B}$。

证明：见附录。

因此，我们发现政治均衡的本质特性在 Vives（1984）的 Bertrand 竞争下仍然成立。这一结果是显然的，因为前面提到的 ρ 的放大效应以及讨价还价过程中的再分配机制在此处仍然适用。

4.4.1.2 Hotelling 下的价格竞争

我们接着考虑 Hotelling 下的价格竞争。消费者均匀分布在一条长度为 1 的线性市场上，消费者的分布密度等于 1。假定市场上有两家生产差异产品的企业：一家是以社会福利最大化为目标的公有企业（企业 1）；另一家是以利润最大化为目标的民营企业（企业 2）。两家企业的边际成本分别是 k_1 和 k_2。为简单起见，我们假设企业 1 位于点 0，企业 2 位于点 1。

位于点 $x(\in[0,1])$ 的消费者去企业 1（企业 2）购买产品需要承担 $cx^2(c(1-x)^2)$ 的运输成本。我们假设消费者具有单位需求，即每个消费者只购买 0 单位或者 1 单位的产品，并且购买该产品可以获得足够高的效用 S。政府给予企业 2 单位补贴 γ^H。对于一个位于点 $x=\dfrac{p_2-p_1+c}{2c}$ 的消费者，他前往两家企业中的任意一家购买产品所需支付的运输成本是一样的。因此，每家企业的利润为：

$$K^H=(p_1-k_1)\left(\frac{p_2-p_1+c}{2c}\right) \tag{4.17}$$

$$\prod\nolimits^H=(p_2-k_2+\gamma^H)\left(\frac{p_1-p_2+c}{2c}\right) \tag{4.18}$$

相应的 CS^H 是：

$$CS^H=S-\int_0^{\frac{p_2-p_1+c}{2c}}cx^2\mathrm{d}x-\int_{\frac{p_2-p_1+c}{2c}}^1c(1-x)^2\mathrm{d}x$$
$$-p_1\frac{p_2-p_1+c}{2c}-p_2\frac{p_1-p_2+c}{2c} \tag{4.19}$$

相应的社会福利 W^H 为：

$$W^H=S-\frac{1}{3}c\left(\frac{p_2-p_1+c}{2c}\right)^3-\frac{1}{3}c\left(\frac{p_1-p_2+c}{2c}\right)^3 \tag{4.20}$$

于是我们可以得到如下命题。

命题 4.5 在 Hotelling 的价格竞争下：

（i）由于民营企业没有激励去游说政治家，所以讨价还价不会发生；

（ii）政府不会给予企业 2 补贴。

证明：见附录。

显然，政治均衡的本质特性在 Hotelling 的价格竞争下不成立。其中的原因很浅显：在当前的模型设置之下市场需求和供给都是给定的，因而标准的补贴效应不起作用。

4.4.2　边际成本等于常数的同质产品竞争

下面，我们将讨论两家企业生产同一种产品且边际成本分别等于 $c_1(\geq 0)$ 和 $c_2(\geq 0)$ 的情形。这里面有三种可能的情形：（i）公有企业更有效率，即 $c_1 < c_2$；（ii）公有企业与民营企业的效率相同，即 $c_1 = c_2$；（iii）民营企业更有效率，即 $c_1 > c_2$。我们沿用文献中常用的假设：如果一家企业的边际成本高于市场价格，那么该企业将被迫退出市场。我们还假定，如果利润是非正的，民营企业将选择不进入市场。

4.4.2.1　Cournot 下的数量竞争

我们首先考虑 Cournot 下的数量竞争。对于情形（i），如果不存在讨价还价，由于 $\dfrac{\partial W^{OC}}{\partial \gamma} = c_1 - c_2 < 0$，社会计划者将选择不补贴民营企业，即 $\gamma^{OC} = 0$。而且，由于 $E_2^C = c_1 - c_2 < 0$，民营企业也会选择不进入市场。相反，当政治家们足够贪心的时候，即 $\rho > \dfrac{(c_2 - c_1)}{(a - k_1)}$，讨价还价会发生，此时，政治家们会选择一个足够大的 γ^{*C}，从而迫使公有企业退出市场。而且，此时的社会福利水平要低于公有企业垄断的情形。

显然，情形（ii）是情形（i）的一个特例。如果不存在讨价还价，此时社会福利与 γ^C 无关，即 $\dfrac{\partial W^{OC}}{\partial \gamma} = c_1 - c_2 = 0$，所以政府不会给予民营企业补贴，而民营企业由于其产出 $E_2^C = c_1 - c_2 = 0$，也不会选择进入市场。如果 $\rho > 0$，则讨价还价发生。当讨价还价发生时，政治家会设定一个足够大的 γ^{*C} 从而迫使公有企业退出市场。此外，由讨价还价带来的社会福利水平会低于公有企业垄断的情形。

最后，对于情形（iii），由于 $c_2 < c_1$，所以 $\frac{\partial W^{OC}}{\partial \gamma} = c_1 - c_2 > 0$。因此，即使讨价还价不发生，政治家也会设定一个足够大的 γ^{OC}。然而，这会迫使公有企业退出市场。而且，我们很容易证明，此时的社会福利水平要高于公有企业垄断的情形。

总结一下，对于边际成本等于常数的数量竞争情形，只有当民营企业不比公有企业有效率时，讨价还价才可能发生。而且，民营企业效率越低，要使讨价还价发生的条件得到满足，政治家们必须更加贪心才行。详细的证明请参看附录。

4.4.2.2 Bertrand 下的价格竞争

我们接着讨论 Bertrand 下的价格竞争。对于情形（i），先考虑讨价还价不发生的情况。显然，此时公有企业会把价格设定为 $p_1^* = c_1 < c_2$，而民营企业则选择不进入市场。相反，当讨价还价发生时，为了保证民营企业能获得正的利润，需要满足条件 $\gamma > c_2 - c_1$。此时，相应的均衡市场价格为 $p^* = c_1 - \varepsilon$（其中 ε 很小并且为正数），这将迫使公有企业退出市场[①]。讨价还价发生的充要条件是 $\Delta \prod + \frac{\Delta W}{\rho} = \left(1 + \frac{1}{\rho}\right)(c_1 - c_2) + \gamma(a - c_1) > 0$，这等价于 $\gamma^* > \dfrac{\left(1 + \frac{1}{\rho}\right)(c_2 - c_1)}{a - c_1}$。由于 $\dfrac{\partial \left(\Delta \prod + \frac{\Delta W}{\rho}\right)}{\partial \gamma} > 0$，只要 $\rho > 0$，一个足够大的 γ 将能保证联合净收益是正的，即 $\Delta \prod + \frac{\Delta W}{\rho} > 0$，从而使得讨价还价会发生。显然，当讨价还价发生时，政治家们将设定 $\gamma^* > \max\left\{\dfrac{\left(1 + \frac{1}{\rho}\right)(c_2 - c_1)}{a - c_1}, \; c_2 - c_1\right\}$。而且，由于 $c_1 < c_2$，讨价还

---

① 正如 Tirole（1988）所认为的，除非假设当价格为 c_1 时民营企业占有了整个市场，否则将不存在均衡。在下文的讨论中，我们将沿用 Tirole（1988，P.234）的这一假设，并把均衡定义为极限值。

价下的社会福利水平将低于公有企业垄断的情形，即 $W^* = (c_1 - c_2)(a-c_1) + \dfrac{(a-c_1)^2}{2} < W^M = W^0 = \dfrac{(a-c_1)^2}{2}$。

情形（ii）是情形（i）的特例。当讨价还价不发生时，由于公有企业把价格设定为 $p_1^* = c_1 = c_2$，民营企业将选择不进入市场。反之，当 $\rho > 0$ 时，讨价还价发生，政治家们会给予民营企业一个正的补贴，民营企业也会选择进入市场。然而，这将迫使公有企业退出市场。而且，由于 $c_1 = c_2$，此时的社会福利水平与公有企业垄断情形下一样。

对于情形（iii），由于 $c_2 < c_1$，民营企业将把价格设定为 $p_2^* = c_1 - \varepsilon$（其中 ε 很小且是正数）①。然而，此时公有企业将被迫退出市场。不发生讨价还价时相应的社会福利为 $W^0 = (c_1 - c_2)(a-c_1) + \dfrac{(a-c_1)^2}{2}$，显然与 γ 无关。可以看出，不发生讨价还价时政治家们不会给予企业 2 补贴。另外，由于 $\Delta\prod + \dfrac{\Delta W}{\rho} = \gamma(a-c_1) > 0$，当 $\rho > 0$ 时，讨价还价将发生，此时民营企业会受到补贴。当讨价还价发生时，由于 $c_1 > c_2$，相应的社会福利将高于公有企业垄断的情形，即 $W^* = (c_1 - c_2 + \gamma^*)(a-c_1) + \dfrac{(a-c_1)^2}{2} - \gamma^*(a-c_1) = W^0 > W^M = \dfrac{(a-c_1)^2}{2}$。

总结一下，在边际成本等于常数的价格竞争的情形下，只要 $\rho > 0$，讨价还价就会发生。此时，如果民营企业的生产效率低于（高于）公有企业，相应的社会福利水平将低于（高于）公有企业垄断情形。

---

① 我们再次把均衡定义为极限值。

4.4.3　Stackelberg 领袖博弈

最后我们考虑当两家企业的市场竞争关系模型化为 Stackelberg 领袖博弈时，政治均衡的本质特性会如何变化。其中，市场领袖是公有企业，追随者是民营企业。我们把讨论限制为以下情形：在讨价还价博弈之后，市场结构仍然是 Stackelberg 领袖博弈的市场结构，这要求政治家们不能过分贪心，即 $\rho \leqslant \dfrac{18 + 98k + 156k^2 + 72k^3}{50 + 170k + 192k^2 + 72k^3}$①。我们能够证明，在这样的市场竞争格局下，讨价还价不会发生，这是因为，公有企业能够有效地利用其先动优势来阻止讨价还价的发生。Stackelberg 领袖博弈下的社会福利水平高于公有企业垄断的情形。上述结论的详细证明参见附录。

4.5　结　　语

通常认为，市场自由化对于一个国家而言是有好处的，而且，不允许民营企业进入以维持公有企业的垄断地位将损害国家福利。我们证明了游说行为的发生可能会从根本上弱化市场自由化带来的福利增进效应。这主要是因为，讨价还价是一个成本高昂的扭曲，尤其是在政治家们对企业的政治献金赋予了足够高的权重时更是如此。本章得出的一个重要的政策启示是，在市场自由化的过程中，

---

① 如果 $\rho > \dfrac{18 + 98k + 156k^2 + 72k^3}{50 + 170k + 192k^2 + 72k^3}$，显然此时的联合净收益函数 $\rho\Delta\prod^S + \Delta W^S$ 是 γ^{*S} 的严格凸函数，所以最优的补贴值将在 γ^S 定义域的端点处取得。因此，讨价还价将发生，政府将选择一个足够大的 γ^S。然而，这将迫使公有企业（领袖）退出市场并导致 Stackelberg 领袖博弈的市场结构瓦解。很显然，由此造成的民营企业垄断下的社会福利水平将低于公有企业垄断的情形。

企业与政治家们之间的政治互动应当被严格监控和阻止。

在分析过程中我们使用了 Nash 讨价还价的方法，这显然不是唯一可行的分析方法。我们注意到，通过 Nash 讨价还价解推导出来的均衡补贴水平，与通过政治献金模型下的菜单拍卖机制（可直接套用 Bernheim 和 Whinston，1986，引理 2）推导出来的均衡结果是完全等价的[①]。而且，由 Nash 讨价还价解得到的均衡结果也可以通过一个非合作的讨价还价博弈来实现。

最后，我们讨论一下结果的局限性。首先，在本章的讨论中我们没有考虑诸如企业的研发能力等重要的因素。其次，我们没有考虑 Matsumura（1998）提出的部分民营化的可能性。再次，我们的结果是建立在不存在委托—代理等复杂关系的简化基础上的。最后，数量竞争的分析是建立在线性需求的假设之上。这些都是今后进一步研究的方向。

附　　录

命题 4.1 的证明

把式（4.7）代入式（4.3）和式（4.5），我们可得到相应的社会福利以及民营企业的利润：

$$W^c = \frac{\left[(19+28k+12k^2)a^2+12a\gamma-6(1+3k)\gamma^2\right]}{2(5+6k)^2} \quad (A.1)$$

$$\prod{}^c = \frac{(1+k)(2a+3\gamma)^2}{(5+6k)^2} \quad (A.2)$$

式（A.1）中对 γ 求导，令其等于零并进行移项整理，我们可得到使社会福利达到最大的最优补贴 γ^{oc}：

---

① "菜单拍卖"的概念，其初始的意思是指投标人针对拍卖过程中拍卖人可能采取的各种行动所制定的出价菜单。这个概念最早由 Bernheim 和 Whinston（1986）提出。这个概念被广泛用于刻画一系列共同代理人博弈的均衡结果。

$$\gamma^{0C} = \frac{a}{(1+3k)} > 0 \tag{A.3}$$

注意到 $\frac{\partial^2 W^C}{\partial \gamma^2} = -\frac{6(1+3k)}{(5+6k)^2} < 0$，二阶条件成立。把式（A.3）代入式（A.1）和式（A.2），我们得到不发生讨价还价时的社会福利以及民营企业的利润：

$$W^{0C} = \frac{[(19+28k+12k^2)(1+3k)+6]}{2(1+3k)(5+6k)^2}a^2 \qquad \prod{}^{0C} = \frac{(1+k)}{(1+3k)^2}a^2 \tag{A.4}$$

另外，公有企业垄断情形下的社会福利为 $W^{MC} = aQ_1 + \frac{1}{2}Q_1^2 - Q_1^2 = \frac{a^2}{6}$。显然有：

$$W^{0C} - W^{MC} = \frac{4(1+3k)(4+3k)+9}{3(1+3k)(5+6k)^2}a^2 > 0 \tag{A.5}$$

命题 4.2 的证明

式（4.10）和式（4.11）意味着：

$$\frac{\partial W(\gamma^{*C})}{\partial \gamma} + \rho \frac{\partial \prod(\gamma^{*C})}{\partial \gamma} = 0 \tag{A.6}$$

由式（A.1）我们有：

$$\frac{\partial W(\gamma^{*C})}{\partial \gamma} = \frac{6[a-(1+3k)\gamma^{*C}]}{(5+6k)^2} \tag{A.7}$$

由式（A.2）我们得到：

$$\frac{\partial \prod(\gamma^{*C})}{\partial \gamma} = \frac{6(1+k)(2a+3\gamma^{*C})}{(5+6k)^2} \tag{A.8}$$

把式（A.7）和式（A.8）代入式（A.6）并整理，可得：

$$\gamma^{*C} = \frac{a[1+2\rho(1+k)]}{(1+3k)-3\rho(1+k)} \tag{A.9}$$

此外，对式（4.11）进行重新整理，有：

$$\Psi^{*C} = \beta\Delta\prod(\gamma^{*C}) - \frac{(1-\beta)\Delta W(\gamma^{*C})}{\rho} \qquad (\text{A.}10)$$

我们接着计算 ΔW 和 $\Delta\prod$。由式（A.1）和式（A.4）我们有：

$$\Delta W = W^{*C} - W^{0C} = \frac{-3a^2 + 6(1+3k)a\gamma^{*C} - 3(1+3k)^2(\gamma^{*C})^2}{(1+3k)(5+6k)^2}$$

$$(\text{A.}11)$$

类似地，由式（A.2）以及式（A.4）我们得到：

$$\Delta\prod = \prod^{*C} - \prod^{0C} = \frac{3(1+k)\left[-(7+12k)a^2 + 4(1+3k)^2a\gamma^{*C} + 3(1+3k)^2(\gamma^{*C})^2\right]}{(5+6k)^2(1+3k)^2}$$

$$(\text{A.}12)$$

把式（A.9）分别代入式（A.11）和式（A.12）并进行简化，我们得到：

$$\Delta W = \frac{-3a^2\rho^2(1+k)^2(25+60k+36k^2)}{(1+3k)(5+6k)^2\left[(1+3k)-3\rho(1+k)\right]^2} \qquad (\text{A.}13)$$

$$\Delta\prod = \frac{3a^2\rho(1+k)^2(25+60k+36k^2)\left[2(1+3k)-3\rho(1+k)\right]}{(1+3k)^2(5+6k)^2\left[(1+3k)-3\rho(1+k)\right]^2}$$

$$(\text{A.}14)$$

把式（A.13）和式（A.14）代入式（A.10）可得到民营企业提供的均衡政治献金：

$$\Psi^{*C} = \frac{3a^2\rho(1+k)^2(25+60k+36k^2)\left[(1+\beta)(1+3k)-3\rho\beta(1+k)\right]}{(1+3k)^2(5+6k)^2\left[(1+3k)-3\rho(1+k)\right]^2} \qquad (\text{A.}15)$$

显然，$\Psi^{*C} > 0$ 当且仅当 $\rho < \dfrac{(1+\beta)(1+3k)}{3\beta(1+k)}$。

此外，由式（A.10）可以得到：

$$\Delta\prod - \Psi^{*C} = (1-\beta)\left(\Delta\prod + \frac{1}{\rho}\Delta W\right) \qquad (\text{A.}16)$$

$$\Delta W + \rho\Psi^{*C} = \rho\beta\left(\Delta\prod + \frac{1}{\rho}\Delta W\right) \qquad (\text{A.}17)$$

讨价还价要发生，政治家与民营企业的联合净收益 $\Delta\prod + \frac{1}{\rho}\Delta W$ 必须大于零。由式（A. 13）和式（A. 14）我们有：

$$\Delta\prod + \frac{1}{\rho}\Delta W = \frac{3a^2\rho(1+k)^2(25+60k+36k^2)}{(1+3k)^2(5+6k)^2[(1+3k)-3\rho(1+k)]}$$

（A. 18）

给定 $\rho \geq 0$，$\Delta\prod + \frac{1}{\rho}\Delta W > 0$ 当且仅当 $\rho < \frac{1+3k}{3(1+k)}$。显然，当 $\rho < \frac{1+3k}{3(1+k)}$ 时，$\gamma^{*C} > 0$ 且 $\Psi^{*C} > 0$。

另外，把式（A. 9）代入式（4.7），为保证讨价还价发生时公有企业的产出非负，需要满足条件 $\rho < \frac{k}{1+k}$。由于 $\frac{1+3k}{3(1+k)} > \frac{k}{1+k}$，如果 $\rho < \frac{k}{1+k}$，则讨价还价会发生。

命题 4. 3 的证明

当讨价还价发生时，由式（A. 1）以及 $W^{MC} = \frac{a^2}{6}$ 有：

$$W^{*C} - W^{MC} = \frac{[4(4+3k)a^2 + 18a\gamma^{*C} - 9(1+3k)(\gamma^{*C})^2]}{3(5+6k)^2}$$

（A. 19）

于是，$W^{*C} - W^{MC} < 0$ 当且仅当：

$$\gamma^{*C} > \frac{3+\sqrt{25+12k(5+3k)}}{3(1+3k)}a \qquad （A. 20）$$

把式（A. 9）代入式（A. 20）并求解该不等式，可得：

$$\rho > \frac{1+3k}{6(1+k)} \qquad （A. 21）$$

显然，$\frac{1+3k}{6(1+k)} < \frac{k}{1+k}$ 当且仅当 $k > \frac{1}{3}$。因此，根据式（A. 5）我们有：当 $\frac{1+3k}{6(1+k)} < \rho < \frac{k}{1+k}$ 且 $k > \frac{1}{3}$ 时，$W^{*C} < W^{MC} < W^{OC}$；否则，

$W^{MC} < W^{*C} < W^{0C}$。

接下来我们考虑消费者剩余。由式（4.7），CS 是 γ 的增函数。由于 $\gamma^{*C} > \gamma^{0C}$，我们有 $CS(\gamma^{*C}) > CS(\gamma^{0C})$。此外，$CS(\gamma^{0C}) = \dfrac{[5+11k+6k^2]^2 a^2}{2(5+6k)^2 [(1+3k)]^2} > CS(\gamma^{MC}) = \dfrac{1}{18}a^2$。因此，$CS(\gamma^{MC}) < CS(\gamma^{0C}) < CS(\gamma^{*C})$。此外，显然有 $0 = \prod(\gamma^{MC}) < \prod(\gamma^{0C}) < \prod(\gamma^{*C})$。

命题 4.4 的证明

由消费者的最大化问题可导出以下需求函数：

$$Q_1 = \frac{\alpha}{1+b} - \frac{1}{1-b^2}P_1 + \frac{b}{1-b^2}P_2 \quad Q_2 = \frac{\alpha}{1+b} + \frac{b}{1-b^2}P_1 - \frac{1}{1-b^2}P_2$$

$$(A.22)$$

把式（A.22）代入企业的目标函数，可得：

$$W = \alpha\left[\frac{2\alpha}{1+b} - \frac{1}{1+b}P_1 - \frac{1}{1+b}P_2\right] - \frac{1}{2}\left(\frac{\alpha}{1+b} - \frac{1}{1-b^2}P_1 + \frac{b}{1-b^2}P_2\right)^2$$

$$- \frac{1}{2}\left(\frac{\alpha}{1+b} + \frac{b}{1-b^2}P_1 - \frac{1}{1-b^2}P_2\right)^2 - b\left(\frac{\alpha}{1+b} - \frac{1}{1-b^2}P_1 + \frac{b}{1-b^2}P_2\right)$$

$$\left(\frac{\alpha}{1+b} + \frac{b}{1-b^2}P_1 - \frac{1}{1-b^2}P_2\right) \quad (A.23)$$

$$\prod = (P_2 + \gamma)\left[\frac{\alpha}{1+b} + \frac{b}{1-b^2}P_1 - \frac{1}{1-b^2}P_2\right] \quad (A.24)$$

由最大化企业目标函数的一阶条件可推出均衡的价格，由均衡价格可得到：

$$W^B = \frac{\alpha^2}{1+b} - \frac{[\alpha(1-b)-\gamma]^2}{2(2-b^2)^2}$$

$$\prod^B = \frac{1-b}{(2-b^2)^2(1+b)}[\alpha + (1+b)\gamma]^2 \quad (A.25)$$

W^B 对 γ 求导，令其等于零并整理，可得到不发生讨价还价时的社会最优补贴：

$$\gamma^{0B} = \alpha(1-b) \quad (A.26)$$

注意到 $\dfrac{\partial^2 W^B}{\partial \gamma^2} = -\dfrac{1}{(2-b^2)^2} < 0$，二阶条件成立。把式（A. 26）代入式

（A. 25），我们得到：$W^{0B} = \dfrac{\alpha^2}{1+b}$，$\prod^{0B} = \dfrac{\alpha^2(1-b)}{1+b}$。另外，$W^{MB} =$

$\alpha Q_1 - \dfrac{1}{2} Q_1^2 = \dfrac{\alpha^2}{2}$。显然，$W^{MB} < W^{0B}$。因此，命题 4.4（i）成立。

接下来，我们推导讨价还价博弈问题 $\max\limits_{\gamma,\psi} [\Delta \prod - \psi]^{1-\beta} [\Delta W +$ $\rho\psi]^{\beta}$ 的均衡结果。按照 Cournot 情形下类似的步骤，可得：

$$\gamma^{*B} = \dfrac{\alpha(1-b)(1+2\rho)}{1-2\rho(1-b^2)}$$

$$\Psi^{*B} = \dfrac{\rho\alpha^2(1-b)^2}{[1-2\rho(1-b^2)]^2}\{2+2\beta[1-2\rho(1-b^2)]\} \quad (A. 27)$$

此外，$E_1^{*B} = \dfrac{a}{1+b}$，$E_2^{*B} = \dfrac{a}{1+b} + \dfrac{2\rho a(1-b)}{1-2\rho(1-b^2)}$。

我们继续推导讨价还价发生的条件。给定：

$$\Delta W + \rho\Psi^{*B} = \dfrac{2\beta\rho^2\alpha^2(1-b)^2}{1-2\rho(1-b^2)}$$

$$\Delta \prod - \Psi^{*B} = \dfrac{2(1-\beta)\rho\alpha^2(1-b)^2}{1-2\rho(1-b^2)} \quad (A. 28)$$

当 $\rho < \dfrac{1}{2(1-b^2)}$ 时，讨价还价会发生。显然，当 $\rho < \dfrac{1}{2(1-b^2)}$ 时，

$\gamma^{*B} > 0$ 且 $C^{*B} > 0$。于是，命题 4.4（ii）成立。

把式（A. 27）代入式（A. 25）中的 W^B 可得 $W^{*B} = \dfrac{\alpha^2}{1+b} -$

$\dfrac{2\rho\alpha^2(1-b)^2}{[1-2\rho(1-b^2)]^2}$。给定：

$$W^{*B} - W^{MB} = \dfrac{\alpha^2(1-b)\{[1-2\rho(1-b^2)]^2 - 4\rho^2(1-b^2)\}}{2(1+b)[1-2\rho(1-b^2)]^2}$$

$$(A. 29)$$

当 $\rho < \dfrac{1}{2\sqrt{1-b^2}(1+\sqrt{1-b^2})}$ 时，有 $W^{*B} - W^{MB} > 0$。而当

$\dfrac{1}{2\sqrt{1-b^2}\,(1+\sqrt{1-b^2})} < \rho < \dfrac{1}{2\,(1-b^2)}$ 时，则有 $W^{*B} - W^{MB} < 0$。
此外，$W^{*B} < W^{OB}$。

消费者剩余的定义为 $CS = W - P_1Q_1 - P_2Q_2$。注意到 $\rho <$
$\dfrac{1}{2(1-b^2)} = \dfrac{1}{2(1+b)(1-b)} < \dfrac{1}{2(1-b)}$，我们有：

$$CS^{MB} = \frac{\alpha^2}{2} < CS^{OB} = \frac{\alpha^2}{1+b} < CS^{*B} = \frac{a^2}{1+b} + \frac{2\rho\alpha^2(1-b)b[1-2\rho(1-b)]}{[1-2\rho(1-b^2)]^2}$$

最后，显然有 $\prod^{MB} < \prod^{OB} < \prod^{*B}$，故命题 4.4（iii）成立。

命题 4.5 的证明

两家企业同时选择价格以最大化各自的目标函数。由一阶条件
可得：

$$\frac{\partial W^H}{\partial p_1} = \frac{1}{2c}(p_2 - p_1 + k_1 - k_2) = 0 \qquad (\text{A}.30)$$

$$\frac{\partial \prod^H}{\partial p_2} = \frac{1}{2c}(p_1 - 2p_2 + k_2 + c - \gamma^H) = 0 \qquad (\text{A}.31)$$

将上述两个式方程联立而解，得：

$$p_1^H = c + 2k_1 - k_2 - \gamma \qquad (\text{A}.32)$$

$$p_2^H = c + k_1 - \gamma \qquad (\text{A}.33)$$

把式（A.32）和式（A.33）分别代入式（4.18）和式（4.20），
可得：

$$\prod^H = \frac{(c + k_1 - k_2)^2}{2c} \qquad (\text{A}.34)$$

$$W^H = S - \frac{c}{12} + \frac{(k_2 - k_1)^2}{4c} - \frac{k_1 + k_2}{2} \qquad (\text{A}.35)$$

显然，$\prod^H$ 和 W^H 都与补贴 γ^H 无关，这意味着企业 2 没有激励
与政治家进行讨价还价，并且政治家也不会给予企业 2 补贴。换句
话说，讨价还价不会发生。

4.2.1 中结论的证明

公有企业与民营企业的目标函数分别是：

$$W^C = (a - Q_1 - Q_2)(Q_1 + Q_2) - c_1 Q_1 - c_2 Q_2 + \frac{(Q_1 + Q_2)^2}{2}$$

(A. 36)

$$\prod{}^C = (a - Q_1 - Q_2) Q_2 - c_2 Q_2 + \gamma Q_2$$ (A. 37)

同时，求解最大化式（A. 36）和式（A. 37）可得到 Cournot-Nash 的均衡产出：

$$E_1^C = a - 2c_1 + c_2 - \gamma \quad E_2^C = c_1 - c_2 + \gamma$$ (A. 38)

把式（A. 38）代入式（A. 36）和式（A. 37）可得：

$$W^C = (c_1 - c_2)(c_1 - c_2 + \gamma) + \frac{(a - c_1)^2}{2}$$ (A. 39)

$$\prod{}^C = (c_1 - c_2 + \gamma)^2$$ (A. 40)

显然，$\frac{\partial W^C}{\partial \gamma} = c_1 - c_2$ 且 $\frac{\partial \prod{}^C}{\partial \gamma} = 2(c_1 - c_2 + \gamma)$。这里面有三种可能的情形：（i）公有企业更有效率，即 $c_1 < c_2$；（ii）公有企业与民营企业的效率相同，即 $c_1 = c_2$；（iii）民营企业更有效率，即 $c_1 > c_2$。

我们首先考虑情形（i）。由于 $\frac{\partial W^C}{\partial \gamma} < 0$，如果讨价还价不发生，则社会计划者不会补贴企业 2，即 $\gamma^{0C} = 0$。因此，$E_2^C = c_1 - c_2 < 0$，此时民营企业将选择不进入市场。如果 $\Delta \prod + \frac{1}{\rho} \Delta W = \left[\frac{1}{\rho}(c_1 - c_2) + (a - c_1) \right](a - c_1) > 0$，即 $\rho > \frac{c_2 - c_1}{a - c_1}$，则讨价还价会发生。由于 $\frac{1}{\rho} \frac{\partial^2 W^C}{\partial \gamma^2} + \frac{\partial^2 \prod}{\partial \gamma^2} = \frac{2}{\rho} > 0$，故此时的最优补贴在定义域的端点处取值。因此，当讨价还价发生时，政治家会选择一个足够大的 γ^{*C} 以迫使公有企业退出市场。

当讨价还价发生时，对应的民营企业的产出和利润分别是 $E_2^{*C} = \dfrac{(a - c_2 + \gamma^{*C})}{2}$ 及 $\prod^{*C} = \dfrac{(a - c_2 + \gamma^{*C})^2}{4}$。对应的消费者剩余为 $CS^{*C} = \dfrac{(a - c_2 + \gamma^{*C})^2}{8}$。因此，对应的社会福利为 $W^{*C} = \dfrac{3(a - c_2 + \gamma^{*C})^2}{8} - \dfrac{\gamma^{*C}(a - c_2 + \gamma^{*C})}{2}$。另外，公有企业垄断情形下的社会福利为 $W^{MC} = \dfrac{(a - c_1)^2}{2}$。由于 $c_1 < c_2$，所以有：

$$W^{*C} - W^{MC} = \frac{3\left[(a - c_2)^2 - (a - c_1)^2\right]}{8}$$
$$- \frac{\left[(a - c_1)^2 + (\gamma^{*C})^2 - 2(a - c_2)\gamma^{*C}\right]^2}{8}$$
$$< \frac{3(c_1 - c_2)(2a - c_1 - c_2) - (a - c_2 - \gamma^{*C})^2}{8} < 0$$

情形（ii）是情形（i）的特例。按照与前面分析相同的步骤，我们很容易证明，当讨价还价不发生时，社会计划者不会补贴民营企业，且民营企业不会选择进入市场。此外，讨价还价发生时的社会福利水平要低于公有企业垄断的情形，即 $W^{*C} - W^{MC} = \dfrac{-(a - c_2 - \gamma^{*C})^2}{8} < 0$。

对于情形（iii），给定 $c_1 > c_2$，我们有 $\dfrac{\partial W^C}{\partial \gamma} = c_1 - c_2 > 0$ 及 $\dfrac{\partial \prod^C}{\partial \gamma} = 2(c_1 - c_2 + \gamma) > 0$，这意味着政治家和民营企业都可以从更高的补贴中获益。因此，民营企业不需要与政治家进行谈判，而政治家会自动设置一个足够高的补贴 γ^{0C}。然而，这将迫使公有企业退出市场（迫使公有企业退出市场的最小补贴为 $\gamma = a - 2c_1 + c_2$）。另外，当公有企业退出市场后，民营企业将成为市场的垄断者，此时，使社会福利达到最大的给予企业 2 的最优补贴为 $\gamma = a - c_2$。由于 $c_1 > c_2$，故 $a - c_2 > a - 2c_1 + c_2$，社会计划者会选择 $\gamma^{OC} = a - c_2$，对应的社会福利为 $W^{OC} = \dfrac{(a - c_2)^2}{2}$。公有企业垄断情形下的社会福利为 $W^{MC} = \dfrac{(a - c_1)^2}{2}$。很显然，$W^{OC} > W^{MC}$。

Stackelberg 领袖博弈中相关结果的证明

先考虑追随者，即民营企业的优化问题。式（4.5）对 Q_2 求导并令其等于零，可得：

$$Q_2^S = \frac{a - Q_1 + \gamma}{2(1 + k)} \tag{A.41}$$

我们回过头来考虑领导者，即公有企业的优化问题。把式（A.41）代入式（4.3），对 Q_1 求导并令其等于零，可得：

$$E_1^S = \frac{(4k^2 + 6k + 1) a - \gamma}{9 + 22k + 12k^2} \tag{A.42}$$

把式（A.42）代入式（A.41），我们有：

$$E_2^S = \frac{4(1 + k) a + (5 + 6k) \gamma}{9 + 22k + 12k^2} \tag{A.43}$$

把式（A.42）和式（A.43）代入式（4.3）和式（4.5），我们可以得到相应的社会福利以及民营企业的利润：

$$W^S = \frac{1}{(9 + 22k + 12k^2)^2} [(27 + 120k + 204k^2 + 160k^3 + 48k^4) a^2 -$$
$$(18 + 106k + 180k^2 + 88k^3) a\gamma - (9 + 49k + 78k^2 + 36k^3) \gamma^2]$$
$$\tag{A.44}$$

$$\prod{}^S = \frac{1}{(9 + 22k + 12k^2)^2} [(16 + 48k + 48k^2 + 16k^3) a^2 +$$
$$(40 + 128k + 136k^2 + 48k^3) a\gamma + (25 + 85k +$$
$$96k^2 + 36k^3) \gamma^2] \tag{A.45}$$

式（A.44）中对 γ 求导，可得：

$$\frac{\partial W^S}{\partial \gamma} < 0 \qquad (A.46)$$

因此，如果没有政治献金，社会计划者将选择不补贴民营企业，即 $\gamma^{OS} = 0$。把 $\gamma^{OS} = 0$ 代入式（A.44）及式（A.45）可得到讨价还价不发生时的社会福利以及民营企业的利润：

$$W^{OS} = \frac{(27 + 120k + 204k^2 + 160k^3 + 48k^4)}{(9 + 22k + 12k^2)^2} a^2 \qquad (A.47)$$

$$\prod^{OS} = \frac{(16 + 48k + 48k^2 + 16k^3)}{(9 + 22k + 12k^2)^2} a^2 \qquad (A.48)$$

另外，公有企业垄断情形下的社会福利为 $W^M = aQ_1 + \frac{1}{2}Q_1^2 - Q_1^2 = \frac{a^2}{6}$，显然：

$$W^{OS} - W^M = \frac{81 + 324k + 524k^2 + 432k^3 + 144k^4}{6(9 + 22k + 12k^2)^2} a^2 > 0 \quad (A.49)$$

因此，允许民营企业进入市场但不给予其补贴可以提高社会福利。

由式（A.44），我们有：

$$\frac{\partial W(\gamma^{*S})}{\partial \gamma} = -\frac{\begin{array}{c}(18 + 106k + 180k^2 + 88k^3)a + \\ (18 + 98k + 156k^2 + 72k^3)\gamma]\end{array}}{(9 + 22k + 12k^2)^2} \qquad (A.50)$$

由式（A.45），我们得到：

$$\frac{\partial \prod(\gamma^{*S})}{\partial \gamma} = \frac{\begin{array}{c}(40 + 128k + 136k^2 + 48k^3)a + \\ (50 + 170k + 192k^2 + 72k^3)\gamma\end{array}}{(9 + 22k + 12k^2)^2} \qquad (A.51)$$

由式（A.50）及式（A.51）有：

$$\frac{\partial W(\gamma^{*S})}{\partial \gamma} + \rho \frac{\partial \prod(\gamma^{*S})}{\partial \gamma} = \frac{1}{(9 + 22k + 12k^2)^2}$$
$$\{[\rho(40 + 128k + 136k^2 + 48k^3) -$$
$$(18 + 106k + 180k^2 + 88k^3)]a +$$
$$[\rho(50 + 170k + 192k^2 + 72k^3) -$$

$$(18 + 98k + 156k^2 + 72k^3)\,]\,\gamma\}$$

$$(A.52)$$

由于 $\dfrac{18 + 106k + 180k^2 + 88k^3}{40 + 128k + 136k^2 + 48k^3} > \dfrac{18 + 98k + 156k^2 + 72k^3}{50 + 170k + 192k^2 + 72k^3}$。由式（A.52）

我们发现，当 $\rho \leqslant \dfrac{18 + 98k + 156k^2 + 72k^3}{50 + 170k + 192k^2 + 72k^3}$ 时，$\dfrac{\partial W(\gamma^{*S})}{\partial \gamma} +$

$\rho \dfrac{\partial \prod(\gamma^{*S})}{\partial \gamma} < 0$ 对所有的 $\gamma^{*S} \geqslant 0$ 都成立，这意味着 $\rho\Delta\prod^S + \Delta W^S =$

$\rho(\prod^{*S} - \prod^{0S}) + (W^{*S} - W^{0S})$ 是 γ^{*S} 的减函数。因此，当 $\rho \leqslant$

$\dfrac{18 + 98k + 156k^2 + 72k^3}{50 + 170k + 192k^2 + 72k^3}$ 时，讨价还价博弈的最优补贴为 $\gamma^{*S} = 0$。

由于讨价还价发生的必要条件是 $\gamma^{*S} > \gamma^{0S} = 0$，故当 $\rho \leqslant$

$\dfrac{18 + 98k + 156k^2 + 72k^3}{50 + 170k + 192k^2 + 72k^3}$ 时，讨价还价不会发生。

此外，由式（A.52）有：

$$\frac{\partial^2 W(\gamma^{*S})}{\partial \gamma^2} + \rho\frac{\partial^2 \prod(\gamma^{*S})}{\partial \gamma^2} = \frac{\rho(50 + 98k + 156k^2 + 72k^3) - (18 + 98k + 156k^2 + 72k^3)\,]}{(9 + 22k + 12k^2)^2}$$

$$(A.53)$$

显然，当 $\rho > \dfrac{18 + 98k + 156k^2 + 72k^3}{50 + 170k + 192k^2 + 72k^3}$ 时，我们有 $\dfrac{\partial^2 W(\gamma^{*S})}{\partial \gamma^2} +$

$\rho\dfrac{\partial^2 \prod(\gamma^{*S})}{\partial \gamma^2} > 0$，即 $\rho\Delta\prod^S + \Delta W^S = \rho(\prod^{*S} - \prod^{0S}) + (W^{*S} - W^{0S})$ 是 γ^{*S} 的严格凸函数。因此，最优补贴将在 γ^{*S} 定义域的端点处取得。于是，讨价还价发生且政府将选择一个足够大的 γ^{*S}。然而，这将导致公有企业（领导者）退出市场从而使得 Stackelberg 领袖博弈的市场结构瓦解。

第 5 章

混合寡头市场中的最优政策
选择与不对称信息

本章内容简介：在一个原来由公有企业垄断的市场中，我们讨论了追求社会福利最大化的政府对民营企业进入该市场的态度。民营企业在成本方面具有私有信息，政府面临两个政策选择：菜单政策与一刀切政策。我们考虑了两种不同情形：国内民营企业与国外民营企业。我们发现，在这两种情形下，允许民营企业进入都能增进社会福利。然而，在第一种情形下，菜单政策要优于一刀切政策；在第二种情形下，分离均衡不存在，政府只能采取一刀切政策。

5.1 引　　言

伴随着市场自由化浪潮的兴起，关于"混合市场"的文献越来越多。所谓市场自由化，是指允许民营企业进入那些先前由公有企业垄断的市场[①]。许多混合寡头模型，包括 White （1996）、Poyago-

---

[①] 混合寡头市场是指这样一种市场结构：少数几家企业供给同质的或有差异的产品，其中至少一家企业的目标函数与其他企业不同。"混合"的概念与"混合经济"同意，指在一个经济体中同时存在民营企业和国有企业（De Fraja 和 Delbono，1990）。关于混合寡头的文献很多，De Fraja 和 Delbono （1990）对早期的文献作了很好的综述。

Theotoky（2001）、Myles（2002）、Fjell 和 Heywood（2004）、Toma-ru（2006）以及 Kato 和 Tomaru（2007），具体考察了最优生产补贴与民营化之间的关系。所有上述文献都暗含地假定政策制定者拥有完全信息。

在现实世界中，政策制定者对生产以及市场信息的了解往往不如企业。由于缺乏相关信息，政策制定者可能会制定和执行错误的政策。于是我们不禁会问：在混合寡头市场中，如果作为潜在进入者的民营企业拥有私有信息，那么政策制定者应当对其采取怎样的政策才合适呢？本章将在市场自由化的背景下讨论这个问题。

我们具体考察了不对称信息对政策制定者的最优政策选择的影响。我们分两种情况进行分析：潜在进入的民营企业是国内企业；潜在进入的民营企业是外国企业。我们构建了一个简单的信号甄别模型。我们假定，初始的市场结构是一个由追求社会福利最大化的公有企业垄断的市场。现在来了一位潜在的新进入者，国内或外国民营企业，其边际成本是私有信息，但只有两种可能：要么低成本，要么高成本，这是公共知识。由于不清楚民营企业的成本情况，政府先决定是否允许民营企业进入市场。如果允许，则政府面临两种政策选择：政府可以给民营企业提供一个激励相容的政策菜单让民营企业选择，或者政府采取一刀切政策。如果提供激励相容的政策菜单，则政府必须针对民营企业每一种可能的成本类型给出相应的选项。民营企业根据菜单进行选择，之后另一不知情方即公有企业观察到民营企业的选择。相反，如果政府选择采取一刀切政策，那么政府无须理会国内（外国）民营企业的成本类型，而只须确定对民营企业的征税率（关税率）或补贴率便可。之后，如果两家企业没有退出市场，则它们彼此之间进行数量竞争。

在线性需求函数以及线性成本函数的设定之下，我们得到如下主要结论：首先，不对称信息的存在使得允许民营企业（无论是国内的还是外国的）进入市场总能增进社会福利。其次，如果潜在的进入者是国内民营企业，那么，从最大化社会福利的角度考虑，政府的最优选择是采取菜单政策实现分离均衡，这一均衡结果与完全信息情形相同，并且是最优的。然而，如果潜在的进入者是外国民营企业，则分离均衡不存在，政府只能采取一刀切政策实现混同均衡。

　　与潜在进入者是国内民营企业时开征从量税的情形不同，政策菜单中为甄别外国民营企业的类型而给予外国企业的总量转移增加了社会福利的成本。另外，为进入公有企业垄断的市场，民营企业的效率不能太低①，此时让一家更有效率的外国企业与在位的效率更低的公有企业进行竞争会提高消费者剩余。然而，对于追求社会福利最大化的政府而言，要甄别外国民营企业的类型是高成本的，这一成本大大超过了外国企业进入所带来的效率提高效应。因此，政府不愿意这么做。需要指出的是，信号示意效应在潜在进入者是外国企业时并不起作用，也就是说，无论政府是采取分离均衡政策还是一刀切政策，国内公有企业的产出都不受影响。其中的原因很简单：由于外国企业的利润不构成社会福利的一部分，为了最大化社会福利，无论政府的政策菜单如何，公有企业都会选择生产完全竞争情形下的产出。

　　本章剩余章节安排如下：第5.2节，就国内民营企业的情形构建并求解具有甄别和信号示意功能的基本模型。第5.3节把分析拓展到外国民营企业的情形。第5.4节是结语。部分结论的数学证明放在附录。

---

　　①　我们的模型假定，高成本类型的民营企业的边际成本要低于公有企业的边际成本。

5.2 国内民营企业的情形

5.2.1 基本模型

我们考虑这么一个行业：行业中有一家在位的公有企业，我们称为企业 1，以及一个新的潜在进入者，国内的民营企业，我们称为企业 2。两家企业生产一种同质产品，它们各自的产出分别用 q_1 和 q_2 来表示。反需求函数为：

$$p = a - (q_1 + q_2)$$

其中，$a > 0$，用以衡量市场规模；p 表示产品的价格。

信息结构刻画如下。企业 1 的边际成本是一个常数 $c(c > 0)$ 并且假定这是一个所有人都知道的公共信息。企业 2 的边际成本属于私有信息，但公众知道企业 2 要么是高成本 $c_H(0 < c_H < c)$，要么是低成本 $c_L = 0$，并且 Prob $(c = c_H) =$ Prob $(c = c_L) = \dfrac{1}{2}$[①]。为了确保非负的产出，我们假定 $a > 4c$。

与 De Fraja 和 Delbono（1989）相类似，我们假定企业 1 的目标是最大化社会福利 W。社会福利在完全信息的情形中等于两家企业的利润相加，再加上消费者剩余（CS），再减去给予企业 2 的补

---

① 通常的观察结果是，民营企业提高生产效率的激励大于公有企业（Bös，1986；OECD，2005），我们假定民营企业相比于公有企业具有生产技术上的优势。我们还应注意到，如果民营企业的生产效率低于公有企业，则在完全信息的混合寡头竞争框架下，民营企业的产出将是负的（见式（5.12））。

贴（sq_2），以及补贴的影子成本 αsq_2[①]：

$$W = \pi_1 + \pi_2 + CS - (1+\alpha)sq_2$$
$$= a(q_1 + q_2) - \frac{1}{2}(q_1 + q_2)^2 - cq_1 - (c_i + \alpha s)q_2$$

$$(5.1)$$

其中，$\alpha(0 < \alpha < 1)$ 表示公共资金的单位影子成本；$\pi_i(i=1, 2)$ 表示企业 i 的利润。我们假定政府是一个追求社会福利最大化的仁慈政府。

另外，我们假定企业 2 是一个追求自身利润（用 π_2 表示）最大化的经济主体。

我们考虑以下的三阶段博弈：在第一阶段，政府决定是否允许民营企业进入市场。如果不允许，博弈结束；如果允许，博弈进入第二阶段。在第二阶段，政府设计其政策。政府有两个选择：它可以选择采取一刀切政策或者激励相容的政策菜单[②]。如果采取一刀切政策，则不论企业 2 的类型是什么，政府都会给企业 2 提供一个特定补贴率。如果采取激励相容的政策菜单，则需要根据企业 2 的不同类型确定不同的补贴率。菜单上的每一个选择对应于企业 2 的一种可能类型并由两部分组成：一个特定的补贴率和一个总量税[③]。在第二阶段刚开始时，政府给企业 2 提供一个政策菜单，企业 2 根据菜单进行选择。为简单起见，我们把政策选项限制为线性补贴，即补贴率不随其他信息变量（如产出和价格）的变化而变化。在第

---

① 负的补贴等同于税收。当需要征集资金补贴民营企业时就会产生影子成本，类似的假设可参阅 Laffont 和 Tirole（1986，1993）以及 Brainard 和 Martimort（1992）。

② 激励相容政策菜单在监管方面的文献中有大量的讨论，如 Baron 和 Myerson（1982），Caillaud 等人（1985），Laffont 和 Tirole（1986，1993）。这类文献分析了监管当局与被监管企业之间的关系，不同的利益集团与监管机构之间的互动关系，以及在不完全信息背景下的监管层级。

③ 如果补贴是政府能唯一采取的政策手段，则无论其自身类型如何，企业 2 都将选择最高的补贴。在这种情况下，政策菜单并非激励相容的。在现实世界里，我们可以把总量税收看做是对利润征税。

三阶段，两家企业根据各自的信息集展开古诺竞争。

需要指出的是，如果政府设计一个激励相容的政策菜单从而引导企业 2 揭示自己的真实类型，则企业 1 会知道这一点，两家企业的产量决策就如同完全信息情形下一样。否则，企业 1 和政府都会认为企业 2 的边际成本由其初始分布所决定。因此，我们的模型具有甄别与信号示意并存的双重特征。事实上，如果政府选择提供一个激励相容的政策菜单，那么博弈的第二阶段就是甄别子模型与信号示意子模型的一个组合：在甄别子模型中，不知情方（政府）给知情方（民营企业）提供一个菜单；而在信号示意子模型中，知情方（民营企业）在遇到另一不知情方（公有企业）之前已经进行了政策选择。

5.2.2 分析

我们用逆向归纳法来求解第 5.2.1 节所设定的模型。我们仅讨论纯策略均衡。

5.2.2.1 最优的一刀切政策

我们现在考虑一刀切政策。当政府采取一刀切政策时，在进入产量竞争阶段以前，企业 1 接收不到任何关于企业 2 边际成本的信息。令 s_p 表示一刀切政策下统一的补贴率，q_{pi} 表示一刀切政策下企业 2 在其类型为 $i(i = L, H)$ 时的产出，$\bar{q_1}$ 表示企业 1 的产出，则数量竞争阶段的博弈可用以下的最大化问题来予以刻画：

$$\max_{q_1} W_p \tag{5.2}$$

$$\max_{q_{pi}} \pi_2^i = [a - (q_{pi} + \bar{q_1}) - c_i + s_p] q_{pi} \tag{5.3}$$

其中，$W_p = \pi_1 + \frac{1}{2}(\pi_2^L + \pi_2^H) + CS - (1 + \alpha) s_p \bar{q_2}$，表示一刀切政策下的期望社会福利；$\pi_1 = (p - c)\bar{q_1} = (a - \bar{q_1} - \bar{q_2} - c)\bar{q_1}$，表示企业

1 的利润；$CS = \dfrac{1}{4}(\overline{q_1} + q_{2L})^2 + \dfrac{1}{4}(\overline{q_1} + q_{2H})^2$，表示期望消费者剩

余；$\overline{q_2} = \dfrac{1}{2}(q_{pL} + q_{pH})$，表示企业 2 的期望产出；$\pi_2^i$ 表示当企业 2

的类型为 i 并且补贴率为 s_p 时企业 2 的利润。给定 s_p，同时求解最大化问题式（5.2）和式（5.3）可得到均衡产出：

$$\overline{q_1} = a - 2c - s_p + \frac{1}{2}(c_L + c_H) = a - 2c - s_p + \overline{c} \qquad (5.4)$$

$$q_{pL} = c + s_p - \frac{1}{4}(3c_L + c_H) = c + s_p - \frac{1}{2}(\overline{c} + c_L) \qquad (5.5)$$

$$q_{pH} = c + s_p - \frac{1}{4}(c_L + 3c_H) = c + s_p - \frac{1}{2}(\overline{c} + c_H) \qquad (5.6)$$

其中，$\overline{c} = \dfrac{1}{2}c_H + \dfrac{1}{2}c_L = \dfrac{1}{2}c_H$。因此，给定 s_p，企业 1 与企业 2 的利润分别为：

$$\pi_1 = 0$$

$$\pi_2^i = \left[\frac{2c + 2s_p - \overline{c} - c_i}{2}\right]^2 \quad i = L,\ H$$

因此，在一刀切政策下期望社会福利满足以下条件：

$$8W_p = (2c + 2s_p - \overline{c} - c_L)^2 + (2c + 2s_p - \overline{c} - c_H)^2 + 8CS - 8(1 + \alpha)s_p\,\overline{q_2}$$

$$(5.7)$$

　　由 W_p 取得最大值的一阶条件，我们可推导出混同均衡下的最优补贴率：

$$s_p^* = \frac{1 - \alpha}{2\alpha}(c - \overline{c}) \qquad (5.8)$$

容易证明，由于扭曲，式（5.8）中的最优补贴率不同于完全信息条件下民营企业的某一特定类型所对应的最优补贴率[①]。具体而言，如果企业 2 是一个高（低）成本企业，则政府会过度（过少）补

———————————

① 完全信息情形下的最优补贴率由式（5.15）给出。

贴企业 2。把式（5.8）代入式（5.7）并整理，我们可以看到，均衡的期望社会福利 W_p^* 必然满足以下条件：

$$8W_p^* = \left[2c - \bar{c} - c_L + \frac{1-\alpha}{\alpha}(c - \bar{c})\right]^2 + \left[2c - \bar{c} - c_H + \frac{1-\alpha}{\alpha}(c - \bar{c})\right]^2 +$$

$$\frac{1}{2}\left[2a - 2c + \bar{c} - c_L\right]^2 + \frac{1}{2}\left[2a - 2c + \bar{c} - c_H\right]^2 -$$

$$2(1+\alpha)^2 \frac{1-\alpha}{\alpha^2}(c - \bar{c})^2$$

注意到 $c_L = 0$，令 $\bar{c} = kc \left(k < \frac{1}{2}\right)$，则：

$$8W_p^* = 4(a-c)^2 + (11k^2 - 16k + 8)c^2 + 2(1-k)^2(1-\alpha)^2 c^2 \frac{1}{\alpha}$$

$$(5.9)$$

5.2.2.2 引致分离菜单

令 $m = (m_L, m_H)$，表示政策菜单，其中，m_L 表示针对低成本民营企业的政策菜单，m_H 表示针对高成本民营企业的政策菜单，$m_i = (s_i, \tau_i)$，$i = L, H$，由两个部分组成：特定的补贴率 s_i 以及总量税 τ_i。

令 $\pi_2^i(m_j) = (a - q_{si} - q_{1j} - c_i + s_j)q_{si} - \tau_j$，表示当企业 2 的类型是 i 并且选择政策 m_j 时企业 2 的利润，其中 $i, j = L, H$。我们称菜单 m 是一个引致分离菜单，如果对于 $i \neq j$，下面两个条件得到满足：

（i）$\pi_2^i(m_i) \geq \pi_2^i(m_j)$ （ii）$\pi_2^i(m_i) \geq 0$ $i, j = L, H$

条件（i）是激励相容约束，而条件（ii）是个体理性约束。如果政府采取一个引致分离菜单，企业 1 就能够识别企业 2 的类型，并且在接下来的古诺竞争阶段所有参与人的行动选择都会如同他们拥有完全信息一样。

给定一个引致分离菜单 m，第三阶段的 Cournot 竞争可用以下的最优化问题来刻画：

$$\max_{q_{1i}} W_s \tag{5.10}$$

$$\max_{q_{si}} \pi_2^i(m_i) \equiv \{[a-(q_{si}+q_{1i})-c_i+s_i]q_{si}-\tau_i\} \tag{5.11}$$

其中，q_{1i} 表示企业 1 的产出；q_{si} 表示企业 2 的产出；$\pi_1=(p-c)q_{1i}$，表示企业 1 的利润；$W_s=\pi_1+\pi_2^i(m_i)+\dfrac{(q_{si}+q_{1i})^2}{2}-(1+\alpha)s_iq_{si}+\tau_i$，表示实行政策菜单且企业 2 的类型是 i 时的社会福利。给定 s_i，由式（5.10）和式（5.11）所刻画的一阶条件，我们可得出均衡产出：

$$q_{si}=c-c_i+s_i \quad q_{1i}=a-2c+c_i-s_i \quad i=L,H \tag{5.12}$$

由于企业 1 不清楚企业 2 的边际成本，企业 1 的产出水平取决于它通过观察企业 2 的政策选择从而更新的对企业 2 边际成本的判断。假定政府提供了一个引致分离的菜单，并且企业 1 相信企业 2 的类型可通过它所选择的政策体现出来。也就是说，如果企业 2 选择 m_j，则企业 1 相信企业 2 的类型就是 j 并相应地选择 $q_{1j}=a-2c+c_j-s_j$。考虑到这一点，类型为 i 的企业 2 将选择对它最优的 $q_{si}=\dfrac{1}{2}(2c-c_i-c_j+2s_j)$。于是，我们有：

$$\pi_2^i(m_j)=\frac{1}{4}[2c-c_i-c_j+2s_j]^2-\tau_j \quad \pi_2^j(m_j)=(c-c_j+s_j)^2-\tau_j \tag{5.13}$$

由式（5.13）以及引致分离菜单的定义，我们可以得到以下关于类型分离的必要条件的引理。

引理5.1　在一个具有甄别以及信号示意并存的模型中，如果 m 是一个引致分离菜单，则有 $s_L-s_H\geqslant-\dfrac{c_H-c_L}{2}$ 以及 $\tau_L\geqslant\tau_H$。反过来，如果 $s_L-s_H\geqslant-\dfrac{c_H-c_L}{2}$，则存在 $\tau_L\geqslant\tau_H$ 使得 m 是一个引致分离菜单。

证明：见附录。

在一个没有信号示意的分离菜单的纯甄别模型中，即企业 1 清楚企业 2 的边际成本并且企业 2 的政策选择没有给企业 1 提供任何信息，根据标准的激励理论，一个高的补贴率必须伴随着一个高的税收，反之亦然，即 $s_L \geq s_H$ 且 $\tau_L > \tau_H$ 必须同时成立。从技术上讲，这是单交叉条件的要求；从直观上讲，这是因为如若不然，则两种类型的企业都会偏好高补贴率低税收的政策，从而导致政策菜单的甄别功能消失。

在第 5.2 节我们提过，我们的模型具有甄别与信号示意并存的特点，企业 2 的政策选择具有向企业 1 提供与企业 2 私有信息相关信号的功能。信号示意功能的存在使得分离约束条件更容易得到满足且没有排除 $s_L < s_H$ 的可能性。我们对此可作如下解释。首先，式 (5.12) 和引理 5.1 表明 $q_{sL} > q_{sH}$，这意味着，只要企业 1 的信念不变，低成本的民营企业从补贴增加中得到的好处要大于高成本的民营企业。然而，当企业 1 判断企业 2 的类型从原来的低成本类型变为高成本类型时，企业 1 会因这种判断的变化而增加其产出，这会使得低成本民营企业相比于高成本民营企业遭受更大的损失。而这一信号示意效应在纯粹的甄别模型中是不存在的，从而弱化了补贴在引致分离中所扮演的角色。

我们接下来计算在引致分离下政府的期望福利，它等于按照企业 2 每一种可能类型进行加权的企业 1 的利润与企业 2 的利润之和，加上消费者剩余，减去补贴以及相关的资金筹集成本，再加上总量税。具体来讲，就是：

$$\overline{W_s} = \frac{1}{2}(W_s^L + W_s^H) \qquad (5.14)$$

其中，$W_s^j = \pi_1 + \pi_2^j(m_j) + CS - (1+\alpha)s_j q_{sj} + \tau_j$。为了推导最优的菜单，我们暂且忽略分离约束，先求解 $\overline{W_s}$ 的最大化问题：

$$s_j^* = \frac{1-\alpha}{2\alpha}(c - c_j) \qquad j = L, H \qquad (5.15)$$

显然，式（5.15）中的最优补贴与完全信息下对应民营企业某一特定类型的最优补贴是完全一样的。由于最优的菜单并没有对总量税这一政策变量施加任何限制，我们可以通过操控总量税来实现分离均衡。为简单起见，我们把高成本企业的总量税标准化为零，即 $\tau_H^* = 0$。当政府选择式（5.15）给出最优补贴时，我们能够证明，菜单 m^* 实现分离，如果有：

$$\tau_L^* = \frac{(1+\alpha)c_H(2c - c_H)}{4\alpha^2} \qquad (5.16)$$

上述讨论可总结为如下引理。

引理5.2 式（5.15）和式（5.16）定义了国内民营企业情形下一个最优的引致分离菜单 m^*。

证明：见附录。

引理 5.2 背后的直观解释与机制设计文献中的是一样的。应当把高补贴 s_L^*（相比于 s_H^*）给予低成本民营企业从而使得引理 5.1 成立。应当向低成本企业开征总量税 τ_L^* 以避免高成本民营企业假装成低成本民营企业。应当把 τ_L^* 设定在低成本民营企业不会假装成高成本民营企业且高成本民营企业选择 m_H^* 的水平上。

我们继续比较分离均衡以及混同均衡这两种不同情形下的期望社会福利。把式（5.15）代入式（5.14），得：

$$\overline{W}_s^* = (a-c)^2 + \frac{(1+\alpha)^2 c^2}{2\alpha}(2k^2 - 2k + 1)$$

根据式（5.9）有：

$$8(\overline{W}_s^* - W_p^*) = 4(a-c)^2 - (11k^2 - 16k + 8)c^2 + \frac{2c^2}{\alpha}\big[(3k^2 - 2k + 1)$$

$$+ 2(5k^2 - 6k + 3)\alpha + (3k^2 - 2k + 1)\alpha^2\big] \qquad (5.17)$$

不难证明，式（5.17）总是大于零。由此我们得到如下引理。

引理5.3 在国内民营企业的情形下，最优的分离均衡菜单所带来的期望社会福利高于一刀切政策，即 $\overline{W}_s^* > W_p^*$。

引理 5.3 背后的直观解释是显然的。先前我们已经指出，在引致分离菜单下的最优补贴与完全信息下对应民营企业某一特定类型的最优补贴是完全一样的。而且，总量税的引入并没有使企业的均衡产出与价格出现同完全信息下不一样的变化。因此，最优的分离引致菜单可实现完全信息下的均衡与最优结果，分离均衡下的市场效率要高于混同均衡下的市场效率，实行激励相容的政策从而揭示企业 2 的成本信息可以带来更高的社会福利。此处，我们应当强调信号示意效应在实现最优结果方面发挥的重要作用。如果没有信号示意效应，即企业 1 在数量竞争阶段不清楚企业 2 的类型，则低成本的民营企业将获得 Laffont 和 Martimort（2002）定义的信息租所带来的超额利润。

最后，我们考虑政府是否允许民营企业进入原本由公有企业垄断的市场，这需要比较分离政策下的社会福利和公有企业垄断下的社会福利。不难证明，公有企业垄断下的社会福利为：

$$W_{pm}^* = \frac{1}{2}(a-c)^2 \tag{5.18}$$

由式（5.14）我们有 $\overline{W}_s^* - W_{pm}^* = \frac{1}{2}(a-c)^2 + \frac{(1+\alpha)^2 c^2}{2\alpha}(2k^2 - 2k + 1) > 0$。因此，从社会福利的角度考虑，允许民营企业进入市场并采取激励相容的政策菜单是最优的。

综合上述讨论，我们可得到如下命题。

命题 5.1 在国内民营企业的情形下，允许民营企业进入原本由公有企业垄断的市场并采取激励相容的政策菜单总是社会最优的。

上述命题的前半部分是很直观的：市场自由化之所以能增进社会福利（社会福利增进效应），是因为寡头竞争总是比公有企业垄断有效率。因此，允许民营企业进入市场是社会最优选择。命题的后半部分的解释与引理 5.3 相同。

5.3　外国民营企业的情形

前面的结果表明，在潜在进入者为国内民营企业且市场竞争格局为混合寡头时，信息揭露是有助于增进社会福利的。剩下的问题是：信息揭露是否在任何情形下总是最优的？为了回答这个问题，我们现在考虑另一种情形：把潜在进入者由国内民营企业改为外国民营企业。

与第 5.2 节相类似，我们同样考虑如下行业：一个追求社会福利最大化的公有企业，即企业 1；一个潜在进入者外国民营企业，即企业 2[①]。两家企业生产一种同质产品，它们各自的产出我们分别用 q_1 和 q_2 来表示。显然，q_2 现在代表外国民营企业的产出。

信息结构的刻画与先前类似：企业 1 的边际成本为常数 $c(c>0)$，且假设这是所有利益相关方都知道的公共信息。另外，企业 2 的边际成本是私有信息，但公众知道企业 2 要么是高成本 $c_H(0<c_H<c)$，要么是低成本 $c_L=0$，并且 $\text{Prob}(c=c_H)=\text{Prob}(c=c_L)=\frac{1}{2}$。为了保证产出非负，我们假定 $a>4c$。由于企业 2 是一家外国企业，它必须缴纳关税。我们用 t 来表示企业 2 需要缴纳的关税。于是，此时社会福利等于企业 1 的利润 π_1 与消费者剩余 CS 之和，再加上从企业 2 处收取的关税收入，即：

$$W=\pi_1+CS+tq_2 \tag{5.19}$$

企业 2 的目标函数变为：

$$\pi_2=(a-q_1-q_2-c_i-t)q_2 \quad i=H,\ L \tag{5.20}$$

博弈结构与先前同。在第一阶段，政府决定是否允许外国民营企业

[①]　我们采用与先前相同的符号表达但相应的解释变为外国民营企业的情形。

进入市场。如果不允许，博弈结束；如果允许，博弈进入第二阶段。在第二阶段，政府设计其政策。政府有两个选择：它可以使用一刀切政策或者激励相容的政策菜单。如果采取一刀切政策，则不论企业 2 的类型是什么，政府都会给企业 2 设置一个特定关税率。如果采取激励相容的政策菜单，则需要根据企业 2 的不同类型确定不同的关税率。菜单上的每一个选择对应于企业 2 的一种可能类型并由两部分组成：一个特定的关税率和一个总量转移支付①。在第二阶段刚开始时，政府给企业 2 提供一个政策菜单，企业 2 根据菜单进行选择。为简单起见，我们把政策选项限制为线性关税率，即关税率不随其他信息变量（如产出和价格）的变化而变化。在第三阶段，两家企业根据各自的信息集展开古诺竞争。

为节省篇幅，我们此处仅仅给出与引理 5.3 以及命题 5.1 有关的结果。为此，我们先推导最优的一刀切政策，进而讨论最优的分离引致菜单。

对一刀切政策的情形，我们令 t_p 表示统一的关税率，q_{pi} 表示在一刀切政策下当企业 2 的类型 $i(i=L, H)$ 时的产出，$\bar{q}_1$ 表示企业 1 的产出。数量竞争阶段的博弈可由以下的最大化问题来刻画：

$$\max_{q_1} W_p \tag{5.21}$$

$$\max_{q_{pi}} \pi_2^i = [a-(q_{pi}+\bar{q}_1)-c_i-t_p]q_{pi} \tag{5.22}$$

其中，$W_p=\pi_1+CS+t_p\bar{q}_2$，表示一刀切政策下的期望社会福利；$\pi_1=(p-c)\bar{q}_1=(a-\bar{q}_1-\bar{q}_2-c)\bar{q}_1$，表示企业 1 的利润；$CS=\frac{1}{4}(\bar{q}_1+q_{2L})^2+\frac{1}{4}(\bar{q}_1+q_{2H})^2$，表示期望消费者剩余；$\bar{q}_2=\frac{1}{2}(q_{pL}+q_{pH})$，表示企业 2 的期望产出；$\pi_2^i$ 表示当企业 2 的类型为 i、关税率为 t_p 时的利润。给定 t_p，同时求解最大化问题式（5.21）和式（5.22），

---

① 在现实世界中，我们可以把总量转移支付看做是外国企业享有的特别优惠。

可得到均衡产出：

$$\overline{q}_1 = a - c \quad q_{pi} = \frac{1}{2}(c - c_i - t_p), \quad i = L, H \quad (5.23)$$

企业 2 的相应利润为：

$$\pi_2^i = \left(\frac{c - t_p - c_i}{2}\right)^2 \quad (5.24)$$

最大化如下的期望社会福利：

$$W_p = \frac{1}{2}(a-c)^2 + \frac{1}{16}\left[(c - \overline{c} - t_P)^2 + (c - \overline{c} - t_p)^2 + \frac{1}{2}(c - \overline{c} - t_p)t_p\right]$$

可得到最优的统一关税率 t_p^*，即：

$$t_p^* = \frac{1}{3}(c - \overline{c}) \quad (5.25)$$

因此，混同均衡下的期望社会福利满足：

$$24W_p^* = 12(a-c)^2 + 4c^2 - 8c\overline{c} + 7\overline{c}^2 \quad (5.26)$$

在分离引致菜单下，令 $m = (m_L, m_H)$，表示政策菜单。其中，m_L 表示针对低成本外国民营企业的政策菜单；m_H 表示针对高成本民营企业的政策菜单。$m_i = (t_i, \tau_i)$ 由两个元素组成，即特定关税率 t_i 以及总量转移支付 τ_i，其中 $i = L, H$。

令 $\pi_2^i(m_j) = (a - q_{si} - q_{1j} - c_i - t_j)q_{si} + \tau_j$，表示企业 2 当其类型为 i 并选择了政策 m_j 时的利润，其中 $i, j = L, H$。

给定一个分离引致菜单 m，第三阶段的 Cournot 竞争可刻画为如下的最优化问题：

$$\max_{q_{1i}} W_s \quad (5.27)$$

$$\max_{q_{si}} \pi_2^i(m_i) \equiv \{[a - (q_{si} + q_{1i}) - c_i - t_i]q_{si} + \tau_i\} \quad (5.28)$$

其中，q_{1i} 表示企业 1 的产出；q_{si} 表示企业 2 的产出；$\pi_1 = (p - c)q_{1i}$，表示企业 1 的利润；$W_s = \pi_1 + \frac{(q_{si} + q_{1i})^2}{2} + tq_{si} - \tau_i$，表示当企业 2 的类型为 i、政策菜单为 m 时的社会福利。给定 m_i，由式（5.27）和式（5.28）的一阶条件，我们可得到均衡产出：

$$q_{si} = \frac{1}{2}(c - c_i - t_i) \qquad q_{1i} = a - c \qquad i = L, H \qquad (5.29)$$

显然，企业 1 的产出与企业 2 的类型无关，即企业 1 总是生产 $a - c$。如果企业 2 的类型是 i 但伪装成类型 j，则有：

$$q_{si} = \frac{1}{2}(c - c_i - t_j)$$

$$\pi_2^i(t_j) = \frac{1}{4}(c - c_i - t_j)^2 + \tau_j$$

$$\pi_2^i(t_i) = \frac{1}{4}(c - c_i - t_i)^2 + \tau_i$$

与第 5.2 节类似，由分离政策的定义我们可以推出：如果 m 是一个分离引致菜单，则有 $t_L \leq t_H$ 且 $\tau_L \leq \tau_H$。于是，我们有如下引理。

引理 5.4 在一个具有甄别以及信号示意并存的模型中，如果 m 是一个引致分离菜单，则有 $t_L \leq t_H$ 以及 $\tau_L \geq \tau_H$。反过来，如果 $t_L \leq t_H$，则存在 $\tau_L \leq \tau_H$ 使得 m 是一个引致分离菜单。

引理 5.4 背后的直观解释与引理 5.1 相同。为了避免累赘重复，此处省略对引理 5.4 的解释。

下面我们继续考虑分离引致菜单。在引致分离下，政府的期望社会福利等于按照企业 2 每一种可能类型进行加权的企业 1 的利润与消费者剩余之和，再加上关税收入，并减去提供给企业 2 的总量转移支付，具体地：

$$\overline{W}_s = \frac{1}{2}(W_s^L + W_s^H) \qquad (5.30)$$

其中，$W_s^i = \pi_1 + CS + t_j q_{sj} - \tau_j$。不难证明，对应企业 2 每一种可能类型的社会最优关税率为：

$$t_j^* = \frac{1}{3}(c - c_j) \qquad j = L, H \qquad (5.31)$$

由式（5.31）显然有 $t_L^* > t_H^*$，这显然违背引理 5.4 所规定的实现分离的约束条件。因此，社会最优关税率不构成分离均衡。

下面我们推导分离均衡，它必须满足引理 5.4 中所给出的条件，即 $t_L^* \leq t_H^*$ 且 $\tau_H \geq \frac{1}{4}\left[(c-c_H-t_l)^2-(c-c_H-t_H)^2\right]+\tau_L$。为了

最大化社会福利，政府会选择尽可能低的 τ_H 和 τ_L，这意味着 $\tau_L=0$

且 $\tau_H=\frac{1}{4}\left[(c-c_H-t_L)^2-(c-c_H-t_H)^2\right]$。显然，如果 $t_L^* \leq t_H^*$，则

τ_H 是非负的。令 $\bar{c}=kc$，由于 $c_L=0$，故有 $c_H=2\bar{c}=2kc$。式（5.28）

对 t_L 和 t_H 分别求导，可得：

$$t_L^* = \frac{4}{5}(1-k)c \quad t_H^* = (2k-1)c \qquad (5.32)$$

显然，当且仅当 $k>\frac{9}{14}$，才有 $t_H^*>t_L^*$。在 $c_H<c$ 的假设下，$k>\frac{9}{14}$ 显

然不成立。因此，分离均衡不存在。于是，如果政府允许外国民营

企业进入，它将实行一刀切政策。接下来我们考虑政府是否允许外

国民营企业进入。

容易证明，在潜在进入者为外国民营企业的情形下，公有企业

垄断下的社会福利就是式（5.18）所给出的。因此，通过比较式

（5.26）和式（5.18），我们发现，允许外国民营企业进入原本由

国有企业垄断的市场是社会最优的。

综合上述讨论，我们有如下命题。

命题 5.2　在潜在进入者为外国民营企业的情形下，分离均衡

不存在。然而，允许外国民营企业进入市场是社会最优的，并且此

时追求社会福利最大化的政府会采取一刀切政策。

与潜在进入者为国内民营企业情形下开征的总量税不同，政府

为甄别外国民营企业的类型而给予外国民营企业的总量转移支付对

社会福利而言不仅仅只是普通的转移，而是一项成本。另外，为进

入公有企业垄断的市场，民营企业的效率不能太低，即需要满足

$c_H<c$，这对国内消费者而言是一项得益，因为这可以让市场上出

现更有效率的外国民营企业与国内公有企业的竞争。然而，这一得

益并不能覆盖负的转移支付效应。因此，甄别外国企业的类型对一

个追求社会福利最大化的政府而言成本过高，政府宁愿选择不干。此外，在潜在进入者是外国民营企业的情形下，信号示意效应对国内公有企业的产出选择没有影响（参见式（5.23）和式（5.29）），公有企业在两种情形下的产出都是一样的。这其中的原因很简单：由于外国企业的利润不构成国内社会福利的一部分，为了最大化社会福利，无论政府的政策菜单如何，国内公有企业都会选择生产完全竞争情形下的产出。

5.4　结　　语

本章的主要目的是，在市场自由化的背景下，考察不对称信息对政府对待一个潜在的新进入者（民营企业）在最优政策选择方面的影响。在一个具有甄别与信号示意双重特征的模型中，我们发现，无论民营企业是国内的还是外国的，允许其进入一个原本由公有企业垄断的市场总能增进社会福利。然而，在潜在进入者是国内民营企业的情形下，追求社会福利最大化的政府应当设计一个政策菜单以实现分离均衡，这可以达到完全信息均衡以及社会福利最大化的双重效能。另外，在潜在进入者是外国民营企业的情形下，分离均衡不存在，政府只能采取一刀切政策最终实现混同均衡。

我们最后谈谈本章结论的局限性。首先，本章的结论是建立在线性需求以及常数边际成本的假设之上的，这可能会令分析结果过于简单。其次，我们可以进一步考虑两家企业进行价格竞争（比如Bertrand 竞争）的情形，从而分析产品差异化的影响。

附　　录

引理 5.1 的证明

由式（5.13）有：

$$\pi_2^L(t_H) - \pi_2^H(t_H) = \frac{1}{4}(4c + 4s_H - c_L - 3c_H)(c_H - c_L)$$

由于 $\pi_2^L(t_L) \geqslant \pi_2^L(t_H)$，由分离约束可得到：

$$\pi_2^L(t_L) - \pi_2^H(t_H) \geqslant \frac{1}{4}(4c + 4s_H - c_L - 3c_H)(c_H - c_L) \quad (\text{A.1})$$

类似地：

$$\pi_2^H(t_H) - \pi_2^L(t_L) \geqslant -\frac{1}{4}(4c + 4s_L - c_H - 3c_L)(c_H - c_L) \quad (\text{A.2})$$

式（A.1）和式（A.2）意味着 $s_L - s_H \geqslant -\dfrac{c_H - c_L}{2}$。

还是根据 $\pi_2^H(t_H) \geqslant \pi_2^H(t_L)$，我们得到：

$$(c - c_H + s_H)^2 - \tau_H \geqslant \frac{1}{4}(2c - c_H - c_L + s_L)^2 - \tau_L$$

由 $s_L - s_H \geqslant -\dfrac{c_H - c_L}{2}$ 我们证明了 $\tau_H \leqslant \tau_L$。反过来，可设 $\tau_L = \dfrac{1}{4}(2c - c_H + 2s_L)^2$。

引理 5.2 的证明

由式（5.13）并标准化 $\tau_H^* = 0$，我们有 $\pi_2^L(t_L) \geqslant \pi_2^L(t_H)$ 当且仅当：

$$\tau_L^* \leqslant \frac{c_H[2(1+\alpha)c - c_H]}{4\alpha^2} \quad (\text{A.3})$$

且 $\pi_2^H(t_H^*) \geqslant \pi_2^H(t_L^*)$ 当且仅当：

$$\tau_L^* \geqslant \frac{c_H[2(1+\alpha)c - (1+2\alpha)c_H]}{4\alpha^2} \quad (\text{A.4})$$

因此，令 $\tau_L^* = \dfrac{(1+\alpha)c_H(2c - c_H)}{4\alpha^2}$，我们发现分离约束式（A.3）和式（A.4）是满足的。

第6章

混合寡头市场中的知识
产权保护问题

本章内容简介：本章通过构建南北讨价还价的博弈模型，探讨南方国家在混合寡头竞争格局下的知识产权保护力度问题。如果北方想要南方提高知识产权保护力度，可以通过给南方提供补偿作为交换条件。只要南方国家政府足够重视补偿，南方国家政府就会采取完全的知识产权保护政策，否则，南方将实行知识产权完全不保护政策。我们还发现，当南北双方达成协议时，南方采取完全的知识产权保护将带来南方社会福利的恶化，且恶化的程度与民营化程度有关，民营化程度越高，福利恶化幅度越大。

6.1 引　言

自 1994 年达成《与贸易有关的知识产权协议》（TRPIS）后，知识产权被纳入贸易谈判领域，以美国为首的发达国家以取消单边贸易措施和其他领域的市场开放换取知识产权保护，这使知识产权的谈判被纳入贸易谈判之中，发展中国家被迫接受贸易谈判的协商交换模式。相比传统的在国际公法（如《伯尼尔公约》、《巴黎公约》）的规定范围内，通过双方磋商的调解方式，在协商交换的模式下，谈判力量结构的不平衡和国际机构的不完善等缺陷更显著，对弱小国家和国际社会福利的损害更大。①

2001 年中国正式成为 WTO 成员，TRIPS 作为 WTO 的基本协定之一，对中国产生法律约束力，美国开始试图抛弃长期以来形成的双边磋商渠道，转向利用 WTO 双边争端解决机制解决中美知识产权争端。2005 年年初，国际知识产权联盟建议将中国升格到"重点监察名单"并第一次提出美国政府应立即与中国进行磋商。美国于 2007 年 4 月 10 日就中国知识产权保护问题正式提出在 WTO 框架下的磋商，并于 2007 年 8 月 21 日提起设立专家组的请求。WTO争端解决机制是 WTO 框架下一个多边的准司法程序，有其严格的审理程序，其裁决结果有一定的强制执行力，加上 WTO 体系内谈判力量分布的不均衡，很可能导致谈判结果的不公正。另外，从WTO 争端解决的历史来看，发达国家针对发展中国家知识产权保护提起的投诉案件，大多都以发达国家胜诉结案。因此，本章构建南北讨价还价的博弈模型，探讨南方国家在混合寡头竞争格局下的知识产权保护力度问题，对中国解决与发达国家之间的知识产权问题具有现实意义。

自 Grossman 和 Helpman（1991）开始关注知识产权保护（IPR）与技术创新的关系以来，与知识产权保护相关的文献大量涌现，而迄今为止只有 Lai 和 Qiu（2003）、Cai 和 Li（2012）以及 Naghaiv 和 Tsai（2013）研究了南北之间如何通过谈判内生地决定南方知识产权保护水平。Lai 和 Qiu（2003）提出了一个对双方都有好处的南北协议用于解决 IPR 问题：南方按北方要求设置 IPR 标准，作为交换条件，北方对南方开放其传统的商品市场作为补偿。Naghaiv 和 Tsai（2013）在此基础上继续研究南北双方合同上签订的 IPR 保护水平、南方的实际实施情况以及不同发展水平的南方国

① 肖夏：《国际知识产权协议之谈判问题研究》，载《武汉理工大学学报（社会科学版）》2012 年第 2 期，第 157~162 页。

家在实施上的差异。其余绝大部分文献都集中于分析知识产权保护水平对社会福利、技术创新、贸易、FDI 及经济发展水平的影响①。

国内对如何内生决定知识产权保护水平问题的研究也很少，关于知识产权保护问题的研究大部分基于知识产权保护对 FDI、技术创新等影响的探讨②，如李平、崔喜君、刘建（2007）从投入产出绩效的视角，运用中国 1985 ~ 2004 年的数据进行实证检验，得出知识产权保护降低了国内研发投入和 FDI 溢出的国外研发对自主创新的贡献度，提升了进口和国外专利申请溢出的国外研发对自主创新的贡献度的结论。易先忠、张亚斌、刘智勇（2007）基于拓展的中间产品种类扩张的内生增长模型，分析了后发国知识产权保护在鼓励自主创新和模仿国外技术两难中的权衡。他们认为，知识产权保护对技术进步的影响取决于相对技术水平和模仿能力。杨全发、韩樱（2006）通过构建两阶段动态博弈模型发现，适度有效的知识产权保护政策，不仅可以增加 FDI 的流入量，而且还可以引进较为先进的技术，实现东道国社会福利最大化。

虽然 Lai 和 Qiu（2003）提出了一个可以提高南方的知识产权保护力度的可行方案，但对北方而言，开放传统市场和增加市场准入需要北方大幅度削减关税，这必然招致北方相关利益集团的阻挠

---

① 关于知识产权保护对社会福利、FDI 以及贸易的影响的文献比较多。如 Chin 和 Grossman（1990）、Diwan 和 Rodrik（1991）、Deardorff（1992）、Helpman（1993）、Žigić（1998）以及 Naghavi（2007）讨论了加强知识产权保护力度对社会福利的影响；Taylor（1993）以及 Vishwasrao（1994）探讨了知识产权保护对技术转移的影响；Horowitz 和 Lai（1996）、Lai（1998）、Yang 和 Maskus（2001）、Glass 和 Saggi（2002）、McCalman（2002）以及 Connolly 和 Valderrama（2005）考察了知识产权保护对技术创新的影响；Žigić（2000）以及 Qiu 和 Lai（2004）讨论了知识产权保护与贸易保护之间的关系。

② 以下是国内关于知识产权保护问题的相关文献。知识产权保护对社会福利的影响（韩玉雄、李怀祖，2003；严小明，2012；赵旭梅，2013）；知识产权保护对技术创新的影响（王化，2013；胡凯、吴清、胡毓敏，2012；曹勇、胡欢欢，2009；贺贵才、于永达，2011）；知识产权保护对经济水平的影响（张望、张书琴，2010；吴凯、蔡虹、蒋仁爱，2010）；知识产权对贸易的影响（余长林，2013、2010）

和反对，从而增加北方政府的政治压力，在政治上并不可行。鉴于此，笔者在本章中设计了另一个激励相容的谈判机制，让北方通过资金援助而不是开放传统市场的方式进行补偿，这可以大大减轻北方政府面临的政治压力，在现实操作中更切实可行。

此外，现有文献中的模型仅仅考虑完全的自由市场体制，没有涉及混合所有制。然而，这类市场至今普遍存在，尤其是在处于转轨经济的国家中。因此，在混合所有制的市场中研究知识产权保护问题，对作为典型的发展中国家、FDI 流入量排世界第二且国有企业比重很高的中国而言具有非常重要的理论和现实意义。

混合所有制市场是指至少同时存在一家国有企业和一家民营企业的市场，且这两类企业的目标不同，国有企业追求社会福利最大化，民营企业追求利润最大化。这类市场也被称为混合寡头市场①。自 Merrill 和 Schneider（1966）首次把国有企业加入传统的寡头模型之中研究国有企业对社会福利的作用开始，出现了大量关于混合寡头市场的文献。此类文献一般都假设国有企业追求社会福利最大化，民营企业追求利润最大化（例如，Harris 和 Wiens，1980；Beato 和 Mas-Colell，1982；Bos，1986；Cremer，Pestieau 和 Thisse，1987；Sertel，1987）。20 世纪 80 年代，全球兴起民营化国有企业的浪潮，国有企业民营化对社会福利的影响开始受到经济学家的关注（Bös，1986；Fershtman，1990；Fujiwara，2006；Lu 和 Poddar，2007）。De Fraja 和 Delbono（1989）认为，在数量竞争的寡头市场中，国有企业追求利润最大化时的社会总福利大于国有企业追求社会福利最大化时的福利。显然，在国有企业边际生产效率没有提升

---

① 混合寡头市场有三种可能情形：完全国有化、完全民营化和部分民营化。完全国有化是指在混合寡头市场上，国有企业完全为政府所有，其目标是最大化社会总福利；完全民营化是指政府在民营化过程中完全减持国有企业股份，使之变成一个单纯追求利润最大化的经济主体；部分民营化是指政府在民营化过程中部分减持国有企业的股份，但仍然拥有不可忽略的股权份额，从而使国有企业处在"完全国营"与"完全民营"之间的一个中间状态（Matsumura，1998），其目标函数等于社会福利与企业利润的加权和。

的情况下，民营化国有企业可能会带来福利的增加。Matsumura（1998）和 Kanda（2005）证明，在适当的条件下，如果允许部分民营化，则国有企业最大化社会福利不是最优选择，部分民营化可以提升社会福利。Wang 和 Chen（2010）将成本效率差异纳入模型讨论中，发现在适当的条件下部分民营化是最优选择，能进一步提高社会福利。张军、罗长远、冯俊（2003）通过比较国有企业民营化前后市场结构的变化，揭示出当国有企业与民营企业的边际成本差达到某一临界值时国有企业民营化的必要条件，通过降低临界值可以加速国有企业民营化的进程。孙群燕、李杰、张安民（2004）通过构建混合寡头垄断竞争博弈模型，探讨国有企业国有股份比重的变化如何影响整个社会福利与政府的支付。张剑虎、李长英（2010）利用 Hotelling 模型研究了企业的均衡位置与国有企业国有化程度的关系：当国有化程度比较低时，两个企业选择市场端点；当国有化程度处于中间状态时，外资企业仍然选择市场端点，但部分国有化企业选择市场内部；当国有化程度比较高时，两个企业都会选择市场内部。叶光亮、邓国营（2010）通过构建一个双寡头垄断竞争的博弈模型，探讨了存在产品差异的混合寡头市场中，国内外企业的产品差异程度和公有企业民营化程度对最优关税的影响。可见，现有关于混合寡头市场的研究，大部分集中于探讨民营化程度对社会福利的影响。就笔者所知，目前在混合寡头市场下探讨知识产权保护问题的文献暂时还没有。

笔者在 Žigić（1998，2000）模型的基础上，引入讨价还价博弈模型进行创新性尝试，理论分析混合寡头市场下内生决定 IPR 水平的激励相容机制。具体而言，笔者构建的模型包含两个经济体，即北方和南方。南方市场是一个混合寡头市场，存在一家民营企业和一家国有企业，北方市场存在一家民营企业。三家企业在南方市场进行产量竞争。我们假设北方企业拥有先进的生产技术，技术研发活动只发生在北方。因此，如果北方企业选择在南方生产，可能会产生技术溢出，南方企业可以无成本地模仿北方技术，直到达到知识产权保护水平的上限为止。借鉴 Mansfield（1994），我们还假设知识产权可以有不同程度的保护力度。

本章的主要结论是：在混合寡头市场中，南北谈判的均衡结果为两个极端值，要么完全不实行知识产权保护，要么实行完全的知识产权保护；只要南方国家政府足够看重北方提供的资金补偿，就会选择实施完全的知识产权保护；当南北双方达成协议时，南方采取完全的知识产权保护将带来南方福利的恶化，且恶化的程度与民营化程度有关，民营化程度越高，福利恶化幅度越大。

与现有文献相比，本章的创新体现为以下三点：首先，考虑到知识产权保护问题大多是通过南北双方的谈判来协调和解决的，为此，笔者在经典的知识产权静态模型基础上引入了讨价还价博弈，从而使得模型的设定更符合实际。其次，现有的知识产权保护研究基本没有考虑混合寡头市场这一市场结构，而这类市场广泛存在于像中国这样的发展中国家。笔者引入对混合寡头市场的考虑，更贴近于南方市场的现实。最后，笔者还考虑了政府对市场的控制力，即国有企业的民营化程度在知识产权谈判中的作用，这也是被以往文献所忽略的一个很重要的方面。

本章余下的内容安排如下：第 6.2 节建立基本模型；第 6.3 节是特例分析；第 6.4 节给出结论。命题的详细证明放在附录部分。

6.2　基　本　模　型

假设存在两个经济体，即南方（s）和北方（n），南方有两家企业：一家国有企业（spu）和一家民营企业（spr），北方仅有一家民营企业。三家企业同时为南方提供相同的产品，南方市场的反需求函数为 $p = a - q$，其中，a 表示市场的大小，q 表示总产量，且

$q = q_n + q_{spr} + q_{spu}$。南方市场的消费者剩余为 $CS = \dfrac{q^2}{2}$。

正如前文所述，南方国有企业是一个混合产权股份制企业，属于政府与私人共同所有，国有股份所占份额为 $\theta(0 \leqslant \theta \leqslant 1)$，$\theta = 0$ 表示企业已经完全民营化，是完全的民营企业，其目标函数是追求利润最大化；$\theta = 1$ 则表示企业没有进行民营化，是完全的国有企业，其目标函数是追求社会福利最大化。国有企业按照国有股份比重的大小决定其目标函数中对政府目标即社会福利的兼顾程度。同时，作为一个市场经济主体，国有企业还必须考虑自身的盈利。因此，国有企业的目标函数由两部分构成：企业自身的利润以及政府的政策目标——社会福利，两者在目标函数中的权重分别为 $1 - \theta$ 和 θ[①]。这里假设政府所占份额 θ 外生给定。

假设南方国有企业的效率低于南方民营企业的效率，从成本函数上表现为南方国有企业的边际成本为常数 c，南方民营企业的边际成本为 $c - x$，北方民营企业拥有先进的生产技术，技术水平高于南方企业，其边际成本为 $c - 2x$，其中 $0 \leqslant x \leqslant \dfrac{c}{2}$。北方民营企业可以通过两种方式进入南方市场：出口（e）或 FDI(f)。出口时，虽然可以避免技术外溢，但是要支付关税，假设税率为 $t(t \geqslant 0)$。选择 FDI 时，需要承担固定费用 $F(F > 0)$。为简化模型，假设固定成本 F 没有给南方带来额外的好处。借鉴 Žigić（2000）的研究，假设在 FDI 下，南方企业可以无成本地获得北方企业的技术，此时，南方国有企业的边际成本变为 $c - \beta x$，南方民营企业的边际成本变为 $c - x - \beta x$，其中 $\beta(0 \leqslant \beta \leqslant 1)$ 表示技术外溢的程度，或指南方知

---

① 根据 Matsumura（1998），民营股份比例越高，国有企业的目标函数赋予利润的权重就越高。所以，θ 是关于企业的民营股份比例 s 的单调减函数 $\theta(s)$。特别地，$\theta(0) = 1$ 和 $\theta(1) = 0$。也就是说，当民营股份比例为零时，企业是完全的国有企业；当民营股份比例为 1 时，企业是完全的民营企业。

识产权保护的程度。[①] 为保证三家企业的总产出非负，我们假设市场容量足够大，即 $a > 2c$。

借鉴 Grossman 和 Helpman（1994）的研究，假设南方政府关心来自北方的补偿和社会福利。在这里，补偿方式可以体现为扩大给予南方企业的市场准入、技术转让或简单的政府援助。在 FDI 下，南方政府的目标函数为北方政府补偿 $S(S \geq 0)$ 和社会福利 W_s^f 的加权和：

$$G_s^f = W_s^f + \rho S \quad \rho \geq 0 \tag{6.1}$$

其中，W_s^f 是南方民营企业的利润 π_{spr}^f、国有企业利润 π_{spu}^f 和消费者剩余 CS^f 的总和；ρ 是南方政府赋予补偿的权数。Stoyanov（2009）认为，相比本国的社会福利，政府更重视补偿，即相对较小的补偿可能有很强的政策效果。为此，在本章的模型中，我们假设 $\rho > 1$。

博弈的参与人包括南方政府、北方政府、南方国有企业、南方民营企业和北方民营企业，它们之间进行四阶段博弈：在第一阶段，两个政府对南方知识产权的保护水平和补偿水平进行协商，如果协商失败，南方政府将选择使其社会福利达到最大的知识产权保护水平。在第二阶段，南方政府选择最优的关税税率。在第三阶段，北方企业选择进入南方市场的方式：出口或 FDI。在第四阶段，三家企业在南方市场进行产量竞争。

我们运用逆向归纳法来求解上述博弈。

6.2.1　产量选择

参考 Matsumura（1998）的研究，我们假设政府是一个社会福

---

① 一般而言，技术溢出水平受东道国本身技术水平和知识产权保护力度的制约。根据 Žigić（2000），笔者假设不受自身技术水平的限制，在知识产权相关法律允许的范围内，企业都可以获得全部技术方面的相关消息，所以技术溢出强度仅表示知识产权保护力度。

利最大化者[1]，民营企业是利润最大化者，部分民营化的国有企业的目标函数是政府目标函数和利润函数的加权平均，即社会福利与其利润的加权平均。因此，在第四阶段，北方企业选择出口时，北方企业的目标函数为：

$$\pi_n^e = [a - q_n^e - q_{spu}^e - q_{spr}^e - (c - 2x)]q_n^e - tq_n^e \tag{6.2}$$

南方民营企业的目标函数为：

$$\pi_{spr}^e = [a - q_n^e - q_{spu}^e - q_{spr}^e - (c - x)]q_{spr}^e \tag{6.3}$$

南方国有企业的目标函数为：

$$U_{spu}^e = \theta W_s^e + (1 - \theta)\pi_{spu}^e \tag{6.4}$$

其中，W_s^e 表示南方的社会福利函数，它等于南方民营企业的利润 π_{spr}^e、南方国有企业的利润 $\pi_{spu}^e = (a - q_n^e - q_{spr}^e - q_{spu}^e - c)q_{spu}^e$、南方的消费者剩余 CS_s^e 以及关税收入 tq_n^e 四者之和。$\theta \in [0, 1]$，表示社会福利在国有企业目标函数中的权重，反映企业的国有化程度。

式（6.2）至式（6.4）分别对 q_n^e、q_{spr}^e 和 q_{spu}^e 求一阶导数并令其等于零，可得北方民营企业、南方民营企业和国有企业的产量：

$$q_n^e = -\frac{a - c - 3t + 5x - a\theta + c\theta + 2t\theta - 3x\theta}{2(-2 + \theta)} \tag{6.5}$$

$$q_{spr}^e = \frac{a + t + x + c(-1 + \theta) - a\theta - x\theta}{4 - 2\theta} \tag{6.6}$$

$$q_{spu}^e = \frac{t - 3x - 2t\theta + 3x\theta + a(1 + \theta) - c(1 + \theta)}{4 - 2\theta} \tag{6.7}$$

将式（6.5）至式（6.7）代入式（6.2）和式（6.3）可得到北方企业、南方民营企业的利润：

---

[1] 追求社会福利最大化是现有文献普遍采用的假设，如 Anderson 等（1997）、Cremer 等（1991）、De Fraja 和 Delbono（1989）、Merrill 和 Schneider（1966）以及 Pal（1998）。有不少文献认为，国有企业追求多重目标，除了利润最大化外，国有企业可能还追求收益最大化（刘小玄和刘芍佳，1998）、产量最大化（王曦，2005）和政治收益最大化（李敏波和王一鸣，2007）。

$$\pi_n^e = \frac{[c + 3t - 5x + a(-1+\theta) - c\theta - 2t\theta + 3x\theta]^2}{4(-2+\theta)^2} \quad (6.8)$$

$$\pi_{spr}^e = \frac{[a + t + x + c(-1+\theta) - a\theta - x\theta]^2}{4(-2+\theta)^2} \quad (6.9)$$

当北方企业通过 FDI 的方式进入南方市场时，北方企业的利润函数为：

$$\pi_n^f = [a - q_n^f - q_{spr}^f - q_{spu}^f - (c - 2x)]q_n^f - F \quad (6.10)$$

南方民营企业的利润函数为：

$$\pi_{spr}^f = [a - q_n^e - q_{spr}^e - q_{spu}^e - (c - x - \beta x)]q_{spr}^f \quad (6.11)$$

南方国有企业的目标函数为：

$$U_{spu}^f = \theta W_s^f + (1-\theta)\pi_{spu}^f \quad (6.12)$$

其中，W_{spu}^f 表示南方的社会福利函数，它等于南方民营企业的利润 π_{spr}^f、南方国有企业的利润 $\pi_{spu}^f = [a - q_n^f - q_{spr}^f - q_{spu}^f - (c - \beta x)]q_{spu}^f$ 以及南方消费者剩余 CS_s^f 三者之和。

式（6.10）至式（6.12）分别对 q_n^f、q_{spr}^f 和 q_{spu}^f 求一阶导数并令其等于零，得北方企业、南方民营企业和南方国有企业的产量：

$$q_n^f = \frac{c + a(-1+\theta) - c\theta + x(-5 + 2\beta + 3\theta - \beta\theta)}{2(-2+\theta)} \quad (6.13)$$

$$q_{spr}^f = \frac{c + a(-1+\theta) - c\theta + x(-1 + \beta(-2+\theta) + \theta)}{2(-2+\theta)} \quad (6.14)$$

$$q_{spu}^f = \frac{x[3 + \beta(-2+\theta) - 3\theta] - a(1+\theta) + c(1+\theta)}{2(-2+\theta)} \quad (6.15)$$

将式（6.13）至式（6.15）代入式（6.10）和式（6.11），可得到北方企业、南方民营企业的利润：

$$\pi_n^f = \frac{(a - c + 5x - 2x\beta - a\theta + c\theta - 3x\theta + x\beta\theta)^2}{4(-2+\theta)^2} - F \quad (6.16)$$

$$\pi_{spr}^f = \frac{[c + a(-1+\theta) - c\theta + x(-1 + \beta(-2+\theta) + \theta)]^2}{4(-2+\theta)^2}$$

$$(6.17)$$

在第三阶段，北方企业选择进入南方市场的方式，只要 $\pi_n^f - \pi_n^e > 0$，北方企业就会选择以 FDI 方式进入南方市场。

6.2.2 最优关税选择

在第二阶段，出口时，南方政府选择最优关税最大化社会福利，即：

$$W_s^e = CS_s^e + \pi_{spr}^e + \pi_{spu}^e + tq_n^e \tag{6.18}$$

式（6.5）至式（6.7）代入式（6.18），并对 t 求一阶导数，得到最优税率 t^{+}①：

$$t^+ = \frac{c(-5+9\theta-4\theta^2) + x(13-13\theta+4\theta^2) + a(5-9\theta+4\theta^2)}{19-24\theta+8\theta^2}$$

$$\tag{6.19}$$

将式（6.19）代入式（6.8）和式（6.9），得到北方企业出口时北方企业和南方民营企业的收益函数：

$$\pi_n^{e+} = \frac{[a+c(-1+\theta)-a\theta+x(14-21\theta+8\theta^2)]^2}{(19-24\theta+8\theta^2)^2} \tag{6.20}$$

$$\pi_{spr}^{e+} = \frac{4[c(-3+5\theta-2\theta^2)+a(3-5\theta+2\theta^2)+x(4-5\theta+2\theta^2)]^2}{(19-24\theta+8\theta^2)^2}$$

$$\tag{6.21}$$

将式（6.19）代入式（6.18），得到北方企业选择以出口方式向南方市场提供产品时南方的社会福利：

$$W_s^{e+} = \frac{1}{38-48\theta+16\theta^2} \{ -4cx(5-8\theta+3\theta^2) + a^2(17-20\theta+6\theta^2) +$$

$$c^2(17-20\theta+6\theta^2) + x^2(45-60\theta+22\theta^2) -$$

$$2a[-2x(5-8\theta+3\theta^2)+c(17-20\theta+6\theta^2)]\} \tag{6.22}$$

---

① 我们使用 + 表示出口情况下的最优选择。

6.2.3　最优知识产权保护力度选择

本章只考虑南方知识产权保护力度的最优选择，在北方企业选择 FDI 时，南方的社会计划者选择 IPR 使社会福利（W_s^f）达到最大：

$$\max_{\beta} W_s^f = \pi_{spr}^f + \pi_{spu}^f + CS_s^f \qquad (6.23)$$

把式（6.13）至式（6.15）代入式（6.23），并对 β 求一阶导数，得：

$$\frac{\partial W_s^f}{\partial \beta} = \frac{x[c(7-3\theta) + a(-7+3\theta) + x(1-10\beta-\theta+5\beta\theta)]}{4(-2+\theta)} > 0$$

$$(6.24)$$

由式（6.24）可知，南方的社会福利随 β 单调递增，所以南方最优的 IPR 选择为不实行知识产权保护，即 $\beta^0 = 1$[①]，将 $\beta^0 = 1$ 代入式（6.16）和式（6.17），得到北方企业选择 FDI 时两家民营企业的利润：

$$\pi_n^{f0} = \frac{(a-c+3x-a\theta+c\theta-2x\theta)^2}{4(-2+\theta)^2} - F \qquad (6.25)$$

$$\pi_{spr}^{f0} = \frac{(a-c+3x-a\theta+c\theta-2x\theta)^2}{4(-2+\theta)^2} \qquad (6.26)$$

将 $\beta^0 = 1$ 代入式（6.23）得到北方企业选择 FDI 时南方的社会福利：

$$W_s^{f0} = \frac{1}{8(-2+\theta)^2}\{a^2(13-10\theta+\theta^2) + c^2(13-10\theta+\theta^2) -$$

$$2cx(19-19\theta+4\theta^2) + 3x^2(15-16\theta+4\theta^2) +$$

$$a[-2c(13-10\theta+\theta^2) + 2x(19-19\theta+4\theta^2)]\} \qquad (6.27)$$

比较式（6.20）和式（6.25），得到：

---

① 上标 0 表示北方企业选择 FDI 时使南方社会福利达到最大的情形。

$$\pi_n^{f0} - \pi_n^{e+} = \frac{[\,c + a(\,-1+\theta) - c\theta + x(\,-3+2\theta)\,]^2}{4(\,-2+\theta)^2} -$$

$$\frac{[\,a + c(\,-1+\theta) - a\theta + x(14-21\theta+8\theta^2)\,]^2}{(19-24\theta+8\theta^2)^2} - F$$

$$(6.28)$$

所以，当且仅当 $F < \overline{F}$① 时，才有 $\pi_n^{f0} - \pi_n^{e+} > 0$，即当且仅当固定成本足够低时，北方企业才会选择以 FDI 方式进入南方市场，否则会选择出口。

比较式（6.22）和式（6.27），得到：

$$W_s^{f0} - W_s^{e+} = -\{a^2(5-9\theta+4\theta^2)^2 + c^2(5-9\theta+4\theta^2)^2 +$$
$$x^2(\,-135+312\theta-248\theta^2+80\theta^3-8\theta^4) +$$
$$2cx(201-401\theta+292\theta^2-88\theta^3+8\theta^4) -$$
$$2a[\,c(5-9\theta+4\theta^2)^2 + x(201-401\theta+$$
$$292\theta^2-88\theta^3+8\theta^4)\,]\} /$$
$$[\,8(\,-2+\theta)^2(19-24\theta+8\theta^2)\,] \qquad (6.29)$$

由此，我们得出如下命题。

命题 6.1 当北方政府没有向南方提供补偿时，（1）南方的社会计划者选择不实行知识产权保护，即 $\beta^0 = 1$；（2）如果北方企业选择 FDI，则南方获得的社会福利大于北方企业选择出口时获得的社会福利当且仅当 $x > x^*$②。

命题 6.1 的直觉很简单。从式（6.27）可以明显看出，提高知识产权保护会降低南方的社会总福利（包括国有企业利润、民营企业利润和消费者剩余），增加北方企业的利润 $\left(\dfrac{\partial \pi_n^f}{\partial \beta} < 0\right)$。另外，当知识产权保护力度较低时，由于技术外溢性，南方企业可以迅速提

---

① $\overline{F} = \dfrac{[\,c + a(\,-1+\theta) - c\theta + x(\,-3+2\theta)\,]^2}{4(\,-2+\theta)^2} - \dfrac{[\,a + c(\,-1+\theta) - a\theta + x(14-21\theta+8\theta^2)\,]^2}{(19-24\theta+8\theta^2)^2}$

② $x^* = -\dfrac{(a-c)\,(201-401\theta+292\theta^2-88\theta^3+8\theta^4)}{135-312\theta+248\theta^2-80\theta^3+8\theta^4} + 2\sqrt{6}\sqrt{\dfrac{(a-c)^2\,(\,-2+\theta)^2\,(456-1\,431\theta+1\,880\theta^2-1\,318\theta^3+515\theta^4-104\theta^5+8\theta^6)}{(135-312\theta+248\theta^2-80\theta^3+8\theta^4)^2}}$

升自身的技术水平，从而提高其市场竞争能力。进而南方市场的竞争性加强，我们知道，市场竞争程度越高，消费者剩余越多，所以南方市场不会主动加强知识产权保护力度。在 FDI 下，由于不实行知识产权保护，促使国内企业竞争能力大幅度提升，企业之间的竞争加强，所以有可能社会福利会大于出口时的社会福利。

6.2.4　达成协议时的 IPR 选择

这一节我们构建两国政府协商的纳什博弈模型。假设南方政府和北方政府的协商能力分别为 $\alpha(0 \leqslant \alpha \leqslant 1)$ 和 $1 - \alpha$，双方对南方的知识产权保护水平 β 和补偿水平 S 进行协商。估计到如果协商失败则南方政府会选择 $\beta^0 = 1$，因此，除非 $\beta < \beta^0$，否则，北方政府不会提供补偿。补偿的临界点被设定为北方政府不提供补偿时南方政府选择的知识产权保护水平 β^0。定义 ΔK 表示 IPR 从 β^0 降低到 β' 时变量 K 的变化。当 $\beta < \beta^0$ 时，求解以下最大化问题求得协商后的纳什均衡解：

$$\max_{\beta,S}\left[\Delta\pi_n^f - S \right]^{1-\alpha}\left[\Delta W_n^s + \rho S \right]^{\alpha} \qquad (6.30)$$

取自然对数后，优化问题可转化为：

$$\max_{\beta,S}(1 - \alpha)\ln\left[\Delta\pi_n^f - S \right] + \alpha\ln\left[\Delta W_n^s + \rho S \right] \qquad (6.31)$$

根据 Maggi 和 Rodríguez-Clare （1998） 的研究，(β^*, S^*) 需满足以下两个条件。

（1） β^* 需最大化两国政府的联合收益 $\Delta W_s^f + \rho\Delta\pi_n^f$[①]。容易证明，$\dfrac{\partial^2 (\Delta W_s^f + \rho\Delta\pi_n^f)}{\partial^2 \beta} > 0$，所以 $\Delta W_s^f + \rho\Delta\pi_n^f$ 是 β 的严格凸函数，其最优

---

① 达成协议时，两个政府都要获益，即 $\Delta\pi_n^f - S \geqslant 0$ 及 $\Delta W_s^f + \rho S \geqslant 0$，对北方政府而言，其目标函数为：$\max\limits_{\beta,S}\Delta\pi_n^f - S \geqslant 0$, s.t. $\Delta W_s^f + \rho S \geqslant 0$，这相当于 $\max\limits_{\beta,S}\rho\Delta\pi_n^f + \Delta W_s^f$。类似地，南方政府的目标函数为 $\max\limits_{\beta,S}\rho\Delta\pi_n^f + \Delta W_s^f$。

值在端点处取得。令 $JS(\beta) = \Delta W_s^f + \rho\Delta\pi_n^f$，经计算得到 $JS(0) = JS$[①] 和 $JS(1) = 0$。因此，当且仅当 $\rho > \dfrac{-14a + 14c - 8x + 6a\theta - 6c\theta + 3x\theta}{-4a + 4c - 16x + 4a\theta - 4c\theta + 10x\theta}$，$JS(0) > JS(1)$。

（2）S 等于在南方加强知识产权保护后，南方社会福利的损失量和北方企业利润增加量的加权和：

$$S = \frac{-(1-\alpha)\Delta W_s^f}{\rho} + \alpha\Delta\pi_n^f \qquad (6.32)$$

达成协议后，南方实行完全的知识产权保护，即 $\beta^* = 0$，经计算得到：

$$S^* = \frac{x\left\{2\alpha[2a(-1+\theta) - 2c(-1+\theta) + x(-8+5\theta)] + \dfrac{(-1+\alpha)[a(14-6\theta) + x(8-3\theta) + 2c(-7+3\theta)]}{\rho}\right\}}{8(-2+\theta)} > 0 \qquad (6.33)$$

显然，$\dfrac{\partial S^*}{\partial x} > 0$，即北方技术水平越高，就需要给南方政府更多的补偿；$\dfrac{\partial S^*}{\partial \alpha} > 0$，即南方政府的谈判能力越强，从北方获得的补偿就越多。

由此，我们得到下列命题。

命题6.2 当协商成功后，如果 $\rho > \dfrac{-14a + 14c - 8x + 6a\theta - 6c\theta + 3x\theta}{-4a + 4c - 16x + 4a\theta - 4c\theta + 10x\theta}$，则 $\beta^* = 0$，即南方政府将实行完全的知识产权保护。

首先，可以明确的是，南方政府不会主动提升本国的知识产权保护水平。两国协商作为一种再分配机制，南方政府越重视作为交换条件的补偿，则提高知识产权保护的可能性就越大。所以当南方政府主观认为补偿的重要性足够高时，南方就愿意实行完全的知识产权保护。本章中的补偿来自协商前后北方企业的利润差，所以知

---

① $JS = \dfrac{x\{c(-14 + 6\theta + 4\rho - 4\theta\rho) + x(8 - 3\theta - 16\rho + 10\theta\rho) + 2a[7 - 2\rho + \theta(-3 + 2\rho)]\}}{8(-2+\theta)}$

识产权保护力度越大，北方企业的技术优势就越明显，本国企业与北方企业间的生产效率差异越大，由此北方企业获得的利润更多，所以提供给南方政府的补偿就越多。

至此，我们解释了为什么在现实中南方政府不愿有效地执行 TRPIS 协定的知识产权保护水平。补偿作为一个重新分配机制，即战略性地利用补偿，通过南北双方利益的趋同，使得在南方实行完全的知识产权保护变为可能。

依据本章的结论，我们可以得出相关的具有指导意义的政策性建议。北方政府在督促南方政府加强知识产权保护力度时，需要联系南方的经济发展。因此，北方政府可以尝试向南方提供各种补偿来换取南方政府提高知识产权的保护水平，如降低关税、政府援助等。

如果达成协议，即南方和北方政府就提高知识产权保护水平达成一致意见，当且仅当 $\pi_n^{f*} - \pi_n^{e+} > 0$ 时，即 $F < \tilde{F}$① 时，北方企业才会选择以 FDI 的方式进入南方市场。因为 $\tilde{F} > \bar{F}$，所以与没有达成协议之前相比，达成协议后北方选择以 FDI 方式进入南方市场的可能性更大。

将 $\beta^* = 0$ 代入式（6.23），且与式（6.22）作比较，得到：

$$W_s^{f*} - W_s^{e+} = -\frac{[c(-5+9\theta-4\theta^2)+x(13-13\theta+4\theta^2)+a(5-9\theta+4\theta^2)]^2}{8(-2+\theta)^2(19-24\theta+8\theta^2)} < 0$$

$$(6.34)$$

由此，我们得到下列命题。

命题 6.3 当协商成功后，如果北方企业选择 FDI，则南方的社会总福利比北方企业选择出口时的总社会福利小，即 $W_s^{f*} < W_s^{e+}$。

---

① $\tilde{F} = \frac{[c+a(-1+\theta)-c\theta+x(-5+3\theta)]^2}{4(-2+\theta)^2} - \frac{[a+c(-1+\theta)-a\theta+x(14-21\theta+8\theta^2)]^2}{(19-24\theta+8\theta^2)^2}$

6.2.5 θ 对南方社会福利变化的影响

达成协议后，南方实行完全的知识产权保护，即 $\beta^* = 0$，此时将 W_s^{f*} 与 ρS^* 代入式（6.1），令 $\rho = 1$ 可得到南方政府实际获得的社会福利 G_s^{f*}：

$$
\begin{aligned}
G_s^{f*} = \frac{1}{8(-2+\theta)^2} & \big(a^2(13-10\theta+\theta^2) + c^2(13-10\theta+\theta^2) \\
& -2cx(19-\alpha(-5+\theta)(-2+\theta)-19\theta+4\theta^2) \\
& +x^2(45-48\theta+12\theta^2+\alpha(-2+\theta)(-8+7\theta)) \\
& -2a(c(13-10\theta+\theta^2)+x(-19+19\theta-4\theta^2) \\
& +\alpha(10-7\theta+\theta^2))))
\end{aligned}
\tag{6.35}
$$

实行知识产权保护前后的福利变化为：

$$
G_s^{f*} - W_s^{f0} = \frac{x\alpha\big[-2a(-5+\theta)+2c(-5+\theta)+x(-8+7\theta)\big]}{8(-2+\theta)} < 0
\tag{6.36}
$$

式（6.36）对 θ 求一阶导数得到：

$$
\frac{\partial(G_s^{f*} - W_s^{f0})}{\partial\theta} = -\frac{3x(a-c+x)\alpha}{4(-2+\theta)^2} < 0
\tag{6.37}
$$

由此，我们得到下列命题。

命题 6.4 当南北双方达成协议时，南方采取完全的知识产权保护将带来南方社会福利的恶化，且恶化的程度与民营化程度有关，民营化程度越高，福利恶化幅度越大。

南方实行完全的知识产权保护，会导致消费者剩余减少，且民营化程度越高，消费者剩余减少幅度越大。因为实行完全的知识产权保护后，会增加北方企业的产量，减少本国企业的产量，且本国企业产量的减少量大于北方企业的增加量。民营化程度越大，北方企业的产量越大，南方企业的产量越少。实行完全保护后，虽然南方企业总利润（包括国有企业和民营企业）减少，民营企业的利润

减少，但是南方国有企业的利润变化与民营化程度有关。当

$\dfrac{(-2a+2c+4x)}{3x} < \theta < 1$ 时，国有企业利润减少；当 $0 < \theta <$

$\dfrac{(-2a+2c+4x)}{3x}$ 时，南方国有企业利润增加。可见，民营化程度越高，社会福利恶化幅度越大。

此外，实行完全的知识产权保护后，在南方市场上，北方企业的市场份额增加，南方民营企业和国有企业的市场份额相应减少。且减少幅度与民营化水平有关，民营化程度越高，北方企业市场份额的提高幅度越大，南方民营企业市场份额减少幅度越大，南方国有企业市场份额减少幅度越小（详细推导见附录）。

6.2.6　x 对南方社会福利变化的影响

式（6.38）对 x 求一阶导数得到：

$$\frac{\partial(G_s^{f*} - W_s^{f0})}{\partial x} = \frac{\alpha\left[-a(-5+\theta) + c(-5+\theta) + x(-8+7\theta)\right]}{4(-2+\theta)} < 0$$

$$(6.38)$$

由式（6.40）可得到下列命题。

命题 6.5　当南北双方达成协议时，南方采取完全的知识产权保护将带来南方福利的恶化，且恶化的程度与企业间的效率差有关，效率差越小，福利恶化幅度越大。

南方实行完全的知识产权保护，会导致消费者剩余减少，且效率差越高，消费者剩余减少幅度越大。实行完全保护后，虽然南方国有企业的利润变化与参数值有关，但南方企业总利润减少，民营企业的利润减少，且效率差越小，利润减少幅度越大。可见，民营化程度越高，社会福利恶化幅度越大。

效率差越小，表明南方技术水平与北方技术水平相近程度越高，达成协议后，南方采取完全的知识产权保护，阻碍南方企业的

技术学习和发展，南方生产水平降低，社会福利恶化；效率差越大，表明企业之间的技术水平差距大，尤其南方企业没有能力吸收北方技术时，实行知识产权保护对南方技术水平几乎没有影响，所以南方社会福利变化幅度较小。

此外，达成协议前后，企业市场份额的变化与企业间的效率差也存在相关性。北方企业市场份额的增加幅度与效率差正相关；南方民营企业和国有企业市场份额的减少幅度与效率差反向相关，即效率差越大，南方企业市场份额损失幅度越小（详细推导见附录）。

6.3　特例分析

6.3.1　完全国有化

正如上文所述，完全国有化是指国有企业的股份全部为政府所有，其目标函数为社会福利最大化，即 $\theta=1$。此时，南方国有企业的目标函数就等于社会福利函数。如果北方企业选择出口，经过计算，在第二阶段，南方最优的关税水平为 $\dfrac{4x}{3}$，获得的社会福利为 $\dfrac{(3a^2-6ac+3c^2+7x^2)}{6}$。在第四阶段，达成协议之前，南方政府会选择不实行知识产权保护，即 $\beta^0=1$ 来最大化社会福利。另外，当 $\rho>\dfrac{8a-8c+5x}{6x}$ 时，南方政府会实行完全的知识产权保护，即 $\beta^*=0$，且 $W_s^{f*}-W_s^{e+}=\dfrac{-(5a-5c+13x)^2}{608}<0$，所以上述结果符合命题 6.1 至命题 6.3。

此外，在完全国有化下，如果实行完全的知识产权保护，则南方的社会福利损失为$\frac{x\alpha(8a-8c-x)}{8}$。北方企业的市场份额增加且利润增加，南方两家企业的市场份额降低，南方民营企业的市场份额变为零，南方国有企业的市场份额变为$\frac{a-c}{a-c+x}$，同时两家企业的利润都减少。

6.3.2 完全民营化

完全民营化，国有企业的目标函数变为完全的利润最大化，即$\theta=0$。经过计算，在第二阶段，南方最优的关税水平为$\frac{5a-5c+13x}{19}$，获得的社会福利为$\frac{17a^2-34ac+17c^2+20ax-20cx+45x^2}{38}$。在第四阶段，达成协议之前，南方政府会选择不实行知识产权保护，即$\beta^0=1$来最大化社会福利。另外，当$\rho>\frac{7a-7c+4x}{2a-2c+8x}$时，南方政府会实行完全的知识产权保护，即$\beta^*=0$，且$W_s^{f*}-W_s^{e+}=\frac{-2x^2}{3}<0$，所以，也符合命题6.1至命题6.3。

此外，我们得到协商前后南方的社会福利损失为$\frac{(5a-5c-4x)x\alpha}{8}$。北方企业市场份额增加且利润增加，南方两家企业市场份额降低，南方民营企业市场份额变为$\frac{1}{3}$，同时两家企业的利润都减少。

比较完全国有化与完全民营化两种情形可以发现，如果实行完全的知识产权保护，则完全国有化（$\theta=1$）带来的社会福利恶化程度要小于完全民营化（$\theta=0$）时带来的社会福利恶化程度，这与命题6.4相符。

6.4 结 语

本章通过在国有企业的目标函数中引入社会福利和企业利润的双重考虑，将之与国有股份的比重联系起来，构建南—北讨价还价博弈模型，理论分析混合寡头市场下内生决定 IPR 水平的激励相容机制。研究得到，在混合寡头市场中，南北谈判的均衡结果为两个极端值，要么完全不实行知识产权保护，要么实行完全的知识产权保护；只要南方政府足够看重北方提供的资金补偿，就会选择实行完全的知识产权保护；当南北双方达成协议时，南方采取完全的知识产权保护将带来南方社会福利的恶化，且恶化的程度与民营化程度有关，民营化程度越高，福利恶化的幅度越大。另外，企业间的生产效率差越小，南方社会福利恶化的幅度越大。达成协议后，北方企业的市场份额增加，南方两家企业的市场份额减少，且市场份额的变化幅度与南方市场民营化程度有关，民营化程度越高，则北方企业和南方民营企业的市场份额变化幅度越小，南方国有企业市场份额变化幅度越大；生产效率差越大，北方企业市场份额变化幅度越大，南方民营企业和南方国有企业的市场份额变化幅度越小。

上述结论具有重要的现实意义与政策含义。

首先，南方加强知识产权保护会降低（南方生产者剩余和消费者剩余），增加北方的企业利润。命题 6.1 和命题 6.2 表明，南方不会主动实行知识产权保护，在解决知识产权保护问题时，可以通过协商，或者申请其他形式的补偿，弥补由于加强知识产权保护力度给南方带来的损失，实现互利。

其次，实行完全的知识产权保护会恶化南方的社会福利，恶化程度与南方市场的民营化程度有关。命题 6.4 表明，民营化程度越高，福利恶化幅度越大。在不完全竞争市场中，由于资源配置失效，市场效率受到限制，因而需要政府有效地干预。政府的有效管制可以减少由于过高的价格和过低的产出带来的社会福利恶化。命题 6.5 表明，南方社会福利的变化还与企业间的生产效率差有关，效率差越小，社会福利恶化程度越大。

附　　录

1. 谈判前后消费者剩余的变化

谈判前，消费者剩余为：

$$CS^0 = \frac{[a(-3+\theta) - c(-3+\theta) + x(-5+2\theta)]^2}{8(-2+\theta)^2} \quad (A.1)$$

谈判后，实行完全的知识产权保护后，消费者剩余变为：

$$CS^* = \frac{[a(-3+\theta) - c(-3+\theta) + x(-3+\theta)]^2}{8(-2+\theta)^2} \quad (A.2)$$

比较式（A.1）和式（A.2），得出：

$$CS^* - CS^0 = \frac{x[x(8-3\theta) - 2a(-3+\theta) + 2c(-3+\theta)]}{8(-2+\theta)} < 0 \quad (A.3)$$

式（A.3）对 θ 求一阶导数，得出：

$$\frac{\partial(CS^* - CS^0)}{\partial\theta} = -\frac{x(a-c+x)}{4(-2+\theta)^2} < 0 \quad (A.4)$$

式（A.3）对 x 求一阶导数，得出：

$$\frac{\partial(CS^* - CS^0)}{\partial x} = \frac{x(8-3\theta) - a(-3+\theta) + c(-3+\theta)}{4(-2+\theta)} < 0 \quad (A.5)$$

2. 谈判前后本国企业总利润的变化

谈判前，本国企业的总利润为：

$$\prod\nolimits^0_{\pi spu + \pi spr} = -\frac{\begin{matrix} a^2(-1+\theta) + c^2(-1+\theta) + x^2(-5+7\theta-2\theta^2) \\ + cx(2-4\theta+\theta^2) - a(2c(-1+\theta) + x(2-4\theta+\theta^2)) \end{matrix}}{2(-2+\theta)^2} \quad (A.6)$$

谈判后，实行完全的知识产权保护，本国企业总利润为：

$$\prod\nolimits_{\pi spu + \pi spr}^{*} = \frac{\begin{array}{c}2cx + a(-2x + 2c(-1+\theta)) - a^2(-1+\theta)\\ -c^2(-1+\theta) + x^2(5 - 7\theta + 2\theta^2)\end{array}}{2(-2+\theta)^2}$$

$$(A.7)$$

比较式（A.6）和式（A.7）有：

$$\prod\nolimits_{\pi spu + \pi spr}^{*} - \prod\nolimits_{\pi spu + \pi spr}^{0} = \frac{1}{2}(-a+c)x < 0 \qquad (A.8)$$

式（A.8）对 x 求一阶导数，得出：

$$\frac{\partial\left(\prod\nolimits_{\pi spu + \pi spr}^{*} - \prod\nolimits_{\pi spu + \pi spr}^{0}\right)}{\partial x} = \frac{1}{2}(-a+c) < 0 \qquad (A.9)$$

3. 谈判前后本国民营企业利润的变化

谈判前，本国民营企业利润为：

$$\pi_{spr}^{0} = \frac{(a - c + 3x - a\theta + c\theta - 2x\theta)^2}{4(-2+\theta)^2} \qquad (A.10)$$

谈判后，实行完全的知识产权保护，本国民营企业利润为：

$$\pi_{spr}^{*} = \frac{(a - c + x)^2 (-1+\theta)^2}{4(-2+\theta)^2} \qquad (A.11)$$

比较式（A.11）和（A.10）有：

$$\pi_{spr}^{*} - \pi_{spr}^{0} = \frac{x[x(4 - 3\theta) - 2a(-1+\theta) + 2c(-1+\theta)]}{4(-2+\theta)} < 0$$

$$(A.12)$$

式（A.12）对 x 求一阶导数，得：

$$\frac{\partial(\pi_{spr}^{*} - \pi_{spr}^{0})}{\partial \theta} = \frac{x(a - c + x)}{2(-2+\theta)^2} > 0 \qquad (A.13)$$

$$\frac{\partial(\pi_{spr}^{*} - \pi_{spr}^{0})}{\partial x} = \frac{a + x(4 - 3\theta) + c(-1+\theta) - a\theta}{2(-2+\theta)} < 0 \qquad (A.14)$$

4. 谈判前后本国国有企业利润的变化

谈判前，本国国有企业利润为：

$$\pi_{spu}^0 = \frac{[c+x+a(-1+\theta)-c\theta][c+x+c\theta-2x\theta-a(1+\theta)]}{4(-2+\theta)^2}$$

（A.15）

谈判后，实行完全的知识产权保护，本国国有企业利润为：

$$\pi_{spu}^* = -\frac{[a+x(-3+\theta)+c(-1+\theta)-a\theta][c+3x+c\theta-3x\theta-a(1+\theta)]}{4(-2+\theta)^2}$$

（A.16）

比较式（A.16）和式（A.15）有：

$$\pi_{spu}^* - \pi_{spu}^0 = \frac{x[2a-2c+x(-4+3\theta)]}{4(-2+\theta)}$$

（A.17）

由式（A.17）可知，当 $\frac{-2a+2c+4x}{3x} < \theta < 1$ 时，南方国有企

业利润减少；当 $0 < \theta < \frac{-2a+2c+4x}{3x}$ 时，南方国有企业利润增加；

当 $\theta = \frac{-2a+2c+4x}{3x}$ 时，南方国有企业利润不变。

5. 谈判前后企业市场份额的变化

谈判前，北方企业、南方民营企业和南方国有企业的市场份额
分别为：

$$\frac{q^o}{q^0+q^0+q^0} = \frac{c+a(-1+\theta)-c\theta+x(-3+2\theta)}{a(-3+\theta)-c(-3+\theta)+x(-5+2\theta)}$$ （A.18）

$$\frac{q^o}{q^0+q^0+q^0} = \frac{c+a(-1+\theta)-c\theta+x(-3+2\theta)}{a(-3+\theta)-c(-3+\theta)+x(-5+2\theta)}$$ （A.19）

$$\frac{q_{spu}^0}{q_n^0+q_{spr}^0+q_{spu}^0} = \frac{c+x+c\theta-2x\theta-a(1+\theta)}{a(-3+\theta)-c(-3+\theta)+x(-5+2\theta)}$$

（A.20）

谈判后，北方企业、南方民营企业和南方国有企业的市场份额
分别为：

$$\frac{q_n^*}{q_n^*+q_{spr}^*+q_{spu}^*} = \frac{c+a(-1+\theta)-c\theta+x(-5+3\theta)}{(a-c+x)(-3+\theta)}$$ （A.21）

$$\frac{q_{spr}^{*}}{q_{n}^{*}+q_{spr}^{*}+q_{spu}^{*}}=\frac{-1+\theta}{-3+\theta} \tag{A.22}$$

$$\frac{q_{spu}^{*}}{q_{n}^{*}+q_{spr}^{*}+q_{spu}^{*}}=\frac{c+3x+c\theta-3x\theta-a\ (1+\theta)}{(a-c+x)\ (-3+\theta)} \tag{A.23}$$

比较式（A.21）和式（A.18）有：

$$\frac{q_{n}^{*}}{q_{n}^{*}+q_{spr}^{*}+q_{spu}^{*}}-\frac{q_{n}^{0}}{q_{n}^{0}+q_{spr}^{0}+q_{spu}^{0}}$$

$$=\frac{2x(a-c+2x)\ (-2+\theta)^{2}}{(a-c+x)(-3+\theta)\left[a(-3+\theta)-c(-3+\theta)+x(-5+2\theta)\right]}>0 \tag{A.24}$$

式（A.24）对 θ 求一阶导数，得：

$$\frac{\partial\left(\dfrac{q_{n}^{*}}{q_{n}^{*}+q_{spr}^{*}+q_{spu}^{*}}-\dfrac{q_{n}^{0}}{q_{n}^{0}+q_{spr}^{0}+q_{spu}^{0}}\right)}{\partial\theta}=$$

$$\frac{-2x(a-c+2x)\ (-2+\theta)\left[2a(-3+\theta)-2c(-3+\theta)+x(-8+3\theta)\right]}{(a-c+x)(-3+\theta)^{2}\left[a(-3+\theta)-c(-3+\theta)+x(-5+2\theta)\right]^{2}}<0 \tag{A.25}$$

式（A.24）对 x 求一阶导数，得：

$$\frac{\partial\left(\dfrac{q_{n}^{*}}{q_{n}^{*}+q_{spr}^{*}+q_{spu}^{*}}-\dfrac{q_{n}^{0}}{q_{n}^{0}+q_{spr}^{0}+q_{spu}^{0}}\right)}{\partial x}=$$

$$\frac{\{2(a-c)(-2+\theta)^{2}[a^{2}(-3+\theta)+c^{2}(-3+\theta)-2a(c-2x)(-3+\theta)-4cx(-3+\theta)+x^{2}(-11+4\theta)]\}}{\{(a-c+x)^{2}(-3+\theta)[a(-3+\theta)-c(-3+\theta)+x(-5+2\theta]^{2}\}}>0 \tag{A.26}$$

比较式（A.22）和式（A.19）有：

$$\frac{q_{spr}^{*}}{q_{n}^{*}+q_{spr}^{*}+q_{spu}^{*}}-\frac{q_{spr}^{0}}{q_{n}^{0}+q_{spr}^{0}+q_{spu}^{0}}=$$

$$\frac{2x(-2+\theta)}{(-3+\theta)[a(-3+\theta)-c(-3+\theta)+x(-5+2\theta)]}<0$$

(A.27)

式（A.27）对 θ 求一阶导数，得出：

$$\frac{\partial\left(\dfrac{q_{spr}^{*}}{q_{n}^{*}+q_{spr}^{*}+q_{spu}^{*}}-\dfrac{q_{spr}^{0}}{q_{n}^{0}+q_{spr}^{0}+q_{spu}^{0}}\right)}{\partial\theta}$$

$$=\frac{-2x[a(3-4\theta+\theta^2)-c(3-4\theta+\theta^2)+x(7-8\theta+2\theta^2)]}{(-3+\theta)^2[a(-3+\theta)-c(-3+\theta)+x(-5+2\theta)]^2}<0$$

(A.28)

式（A.27）对 x 求一阶导数，得出：

$$\frac{\partial\left(\dfrac{q_{spr}^{*}}{q_{n}^{*}+q_{spr}^{*}+q_{spu}^{*}}-\dfrac{q_{spr}^{0}}{q_{n}^{0}+q_{spr}^{0}+q_{spu}^{0}}\right)}{\partial x}=$$

$$\frac{2(a-c)(-2+\theta)}{[a(-3+\theta)-c(-3+\theta)+x(-5+2\theta)]^2}<0 \quad\text{(A.29)}$$

比较式（A.23）和式（A.20）有：

$$\frac{q_{spu}^{*}}{q_{n}^{*}+q_{spr}^{*}+q_{spu}^{*}}-\frac{q_{spu}^{0}}{q_{n}^{0}+q_{spr}^{0}+q_{spu}^{0}}=$$

$$\frac{-2x(-2+\theta)[c+a(-1+\theta)-c\theta+x(-3+2\theta)]}{(a-c+x)(-3+\theta)[a(-3+\theta)-c(-3+\theta)+x(-5+2\theta)]}<0$$

(A.30)

式（A.30）对 θ 求一阶导数，得：

$$\frac{\partial\left(\dfrac{q_{spu}^{*}}{q_{n}^{*}+q_{spr}^{*}+q_{spu}^{*}}-\dfrac{q_{spu}^{0}}{q_{n}^{0}+q_{spr}^{0}+q_{spu}^{0}}\right)}{\partial\theta}=$$

$(2x(a^2(15-14\theta+3\theta^2)+c^2(15-14\theta+3\theta^2)-2cx(25-23\theta+5\theta^2)+x^2(39-36\theta+8\theta^2)+a(c(-30+28\theta-6\theta^2)+2x(25-23\theta+5\theta^2))))/((a-c+x)(-3+\theta)^2(a(-3+\theta)-c(-3+\theta)+x(-5+2\theta))^2)>0$

(A.31)

式（A.30）对 x 求一阶导数，得：

$$\frac{\partial\left(\dfrac{q_{spu}^{*}}{q_{n}^{*}+q_{spr}^{*}+q_{spu}^{*}}-\dfrac{q_{spu}^{0}}{q_{n}^{0}+q_{spr}^{0}+q_{spu}^{0}}\right)}{\partial x}=$$

$$-\{2(a-c)(-2+\theta)[a^2(3-4\theta+\theta^2)+c^2(3-4\theta+\theta^2)-$$

$$2cx(9-9\theta+2\theta^2)+x^2(19-18\theta+4\theta^2)+2a(-3+\theta)(c-c\theta+$$

$$x(-3+2\theta))]\}/\{(a-c+x)^2(-3+\theta)[a(-3+\theta)-$$

$$c(-3+\theta)+x(-5+2\theta)]^2\}<0 \qquad\qquad (A.32)$$

国际混合寡头、贸易
政策与民营化

本章内容简介：本章通过构建一个国际混合寡头模型，探讨民营化程度对政府贸易政策的影响。研究结果表明，如果政府选择使用生产补贴作为贸易政策工具，则补贴与民营化程度呈 U 型关系，且推进民营化可以提高社会福利；当政府选择进口关税作为贸易政策工具时，民营化对进口关税的影响与成本参数有关，此时社会福利与民营化程度呈倒 U 型关系。此外，生产补贴会带来本国民营企业产量、利润和市场份额的提高以及外国民营企业产量、利润和市场份额的减少，只有当民营化程度达到一定水平时，国有企业产量才会增加；提高进口关税会带来本国民营企业产量增加以及本国国有企业和外国民营企业产量的减少。当成本参数足够大时，从社会福利的角度考虑，政府选择进口关税政策要优于生产补贴。

7.1 引　言

据世界银行统计，2000～2008 年间中国共发生了 183 件价值 100 万美元以上的国有企业民营化事件①。国资委的数据显示，截

---

① 在世界银行的民营化事件数据库中，部分民营化的定义为：通过股权转让、公开发行股票等方式形成国有部门和民营部门各占部分股权的事件。参见 http：// go. worldbank. org/W1ET8RG1Q0

至 2008 年年底，央企 80% 的资产都已上市，相关的国有企业处于部分民营化状态①。中国的平均关税从 2002 年的 15.3% 下降到 2005 年的 10%，继而降至 2010 年的 9.8%。其中，农产品平均税率由 2002 年的 18.1% 下降到 2005 年的 15.3% 和 2010 年的 15.2%；工业品平均税率由 2002 年的 11.7% 下降到 2005 年的 9.5% 和 2010 年的 8.9%。目前，中国的关税水平不仅在发展中国家中是最低的，还低于欧盟的平均水平，在部分细分行业也低于一些发达国家②。中国石油天然气集团公司通过要约收购进行民营化，同时，中国汽油、柴油等的进口关税也在下调，而中石化在进行民营化的同时政府还给予其补贴。其他国家也有类似的情况，比如俄罗斯民营化其飞机产业的同时，将飞机的进口关税翻了一番；哥伦比亚民营化其国有汽车制造公司（Colombia Automotriz），并降低了对外国制造的汽车的进口关税；阿根廷政府选择民营化政策后减少补贴；在西欧国家，如德国和西班牙已经民营化其主要的航空公司，如 Lufthansa 和 Iberia，并显著地降低给予企业的生产补贴。那么，民营化与国家贸易政策之间存在什么样的关系？国有企业民营化会促使政府改变贸易政策吗？本章通过构建一个两阶段的简单博弈模型分析以上问题。

混合寡头市场指在同一市场同时存在国有企业和民营企业，且两者的目标函数不同，国有企业追求社会福利最大化，民营企业追求利润最大化（Harris 和 Wiens，1980；Beato 和 Mas-Colell，1982；Bos，1986；Sertel 1987）。本章在国际混合寡头模型中加入贸易工具，分析民营化和贸易政策之间的关系。本章主要考虑进口关税和政府给予本国企业生产补贴两种不同的贸易政策。政府制定最优的

---

① 这一数据是 2009 年 6 月国务院国资委主任李荣融在接受国资委及新华社网站联合访问时透露的。

② 《中国加入 WTO 后的关税变化情况分析》。人民网（http：//www.people.com.cn）。

进口关税（或补贴）最大化本国的社会福利。本章主要关注以下两个问题：第一，民营化对最优关税或补贴的影响，在什么条件下会增加或降低最优关税或补贴？第二，在选定关税或补贴时，民营化会增加还是会降低社会福利？此外，本章还将探讨关税或补贴以及民营化对产量、价格和企业市场份额的影响。

　　自 Merrill 和 Schneider（1966）首次把国有企业加入传统的寡头模型之中研究国有企业对社会福利的影响开始，出现了大量关于混合寡头市场的文献（例如，Harris 和 Wiens，1980；Beato 和 Mas-Colell，1982；Bos，1986；Cremer，Pestieau 和 Thisse，1987；Sertel，1987）。20 世纪 80 年代，全球兴起民营化国有企业的浪潮，国有企业民营化对社会福利的影响开始受到经济学家的关注（例如，Bös，1986；De Fraja 和 Delbono，1989；Fershtman，1990；Fujiwara，2006；Lu 和 Poddar，2007）。与此同时，贸易领域出现了大量关于在国际寡头市场选择最优贸易政策的文献（例如，Brander 和 Spencer，1984；Helpman 和 Krugman，1985；Krugman，1986；Grossman，1992），他们指出，可以通过战略性地选择进口关税或出口补贴提高本国社会福利。然而，这些文献都是建立在传统寡头市场的基础上，与现实不相符，因为发展中国家及许多处于经济转型期的国家都存在国有企业。De Fraja 和 Delbono（1996）首次将外国民营企业加入混合寡头市场，考虑国际混合寡头模型。Serizawa（2000）研究得出，如果市场上只有少数企业，如果政府选择最优关税，则完全民营化可以提高本国社会福利。但这两篇文章都没有考虑民营化对贸易政策的影响。Pal 和 White（1998）考虑了民营化对贸易政策的影响，他们通过建立国际混合寡头模型认为，如果政府对本国企业实施生产补贴或对外国企业征收进口关税，则民营化都可以提高本国社会福利。此外，民营化会降低政府的补贴水平，而民营化对进口关税的影响则与参数值有关。但是，Pal 和White（1998）仅仅比较了完全国有化和完全民营化两种极端情形下的差异，没有分析民营化程度的连续变化对贸易政策的影响，具有一定的局限性。因此，本章在 Pal 和 White（1998）的基础上作以下改变：为了反映国有企业民营化程度对政府政策的影响，本章将构建部分民营化的国际混合寡头模型进行分析，并内生化民营化水平的选择，使之更符合像中国这样的发展中国家。此外，本章还从最大化社会福利的角度比较了政府补贴与进口关税这两种贸易政策的优劣。

具体而言，本章通过构建包含一家本国民营企业、一家国有企业和一家外国民营企业的国际混合寡头模型，分析民营化对贸易政策和社会福利的影响。主要结论是：在国际混合寡头市场中，如果政府选择生产补贴政策，则政府补贴与民营化程度呈 U 型关系，民营化可以提高社会福利；当政府选择进口关税时，民营化对进口关税的影响与成本参数 k 有关，此时，社会福利与民营化程度呈倒 U 型关系。此外，政府补贴会带来本国民营企业产量、利润和市场份额的提高以及外国民营企业产量、利润和市场份额的减少，只有当成本参数比较大且国有企业进行了部分民营化时，国有企业产量才会增加；政府提高进口关税带来本国民营企业产量增加以及本国国有企业和外国民营企业产量的减少。此外，当成本参数足够大时，从社会福利的角度考虑，政府会选择进口关税政策而不是生产补贴政策。

本章余下的内容安排如下：第 7.2 节建立基本模型；接下来的第 7.3 节和 7.4 节依次求解出口补贴模型、进口关税模型的均衡结果；第 7.5 节对模型进行扩展，进行稳健性检验；第 7.6 节给出结论。

7.2 基本模型

本章中假设一个国内市场上有一家本国国有企业、一家本国民

第 7 章　国际混合寡头、贸易政策与民营化

营企业和一家外国民营企业，它们同时提供相同的产品。企业之间没有技术差异，表现为具有相同的成本函数：$c(q) = F + \frac{1}{2}k(q)^2$，其中，$k > 0$ 为常数，$F \geq 0$ 表示固定成本①。为简化处理，以下模型推导中假设 $F = 0$。市场的反需求曲线为 $p = a - Q$，其中，Q 表示所有企业提供的总产量，$Q = q_h + q_f + q_0$；p 表示价格水平。本国市场消费者剩余为 $CS = Q^2/2$。

本章中假设本国国有企业是一个混合产权股份制企业，由政府与私人共同所有，私人股份所占份额为 $\theta(0 \leq \theta \leq 1)$，反映国有企业的民营化程度，$\theta = 1$ 表示企业已经完全民营化，是完全的民营企业，其目标是利润最大化；$\theta = 0$ 则表示企业没有进行民营化，是完全的国有企业，其目标是最大化社会福利。国有企业按照国有股份比重的大小决定其目标函数中对政府目标，即社会福利的兼顾程度。同时，国有企业作为一个市场经济主体，它还必须考虑自身的盈利。于是国有企业的目标函数也由两部分构成：企业自身的利润以及政府的政策目标——社会福利，两者在目标函数中的权重分别为 θ 和 $1 - \theta$。

考虑如下的两阶段博弈模型。在民营化水平外生给定的情况下，在第一阶段，本国政府宣布贸易工具——给予本国出口企业单位出口产量补贴 s 或对外国进口企业征收进口关税税率 t，政府的目标是使用贸易政策实现本国社会福利最大化，即本国企业利润、消费者剩余及关税收入之和最大；在第二阶段，给定第一阶段的出口补贴或进口税率，三家企业同时选择产量最大化自己的目标函数，即民营企业（本国和外国）最大化利润函数，国有企业最大化

---

① 在一个拓展模型中，假设民营企业成本函数为 $C(q) = \frac{hq^2}{2}$，国有企业成本为 $C(q) = \frac{g(q)^2}{2}$，其中，$1 \leq h \leq g$，即民营企业相对于国有企业具有生产效率优势。分析结果发现，本章的基本结论不变。

自身利润与本国社会福利的加权和。当政府给定出口补贴 s 时，本国民营企业选择产量 q_h 最大化企业利润：

$$\prod_h = q_h(a - q_h - q - q) - \frac{1}{2}k(q)^2 + sq_h \qquad (7.1)$$

其中，q_h 表示本国民营企业的产量；q_0 表示本国国有企业的产量；q_f 表示外国民营企业的产量。

国外民营企业选择产量 q_f 最大化其利润函数：

$$\prod_f = q_f(a - q_0 - q_h - q_f) - \frac{1}{2}k(q_f)^2 \qquad (7.2)$$

本国国有企业选择产量 q_0 最大化以下目标函数：

$$U_0 = (1 - \theta)W + \theta \prod_0 \qquad (7.3)$$

其中，W 表示社会福利，等于消费者剩余 $CS\left(= \frac{1}{2}(q_0 + q_h + q_f)^2 \right)$、国有企业利润 $\prod_0 \left[= q_0(a - q_0 - q_h - q_f) - \frac{1}{2}k(q_0)^2 + sq_0 \right]$ 以及民营企业利润 $\prod_h$ 三者之和，再减去政府给予本国企业的总补贴 $s(q_0 + q_h)$。其中，$\theta \in [0, 1]$，是利润在国有企业目标函数中的权重，反映国有企业的民营化程度。$\theta = 0$，表示国有企业没有进行民营化，是完全的国有企业，其目标函数是社会福利最大化；$\theta = 1$，表示国有企业已经完全民营化，是完全的民营企业，其目标函数是利润最大化；$0 < \theta < 1$ 表示国有企业进行了部分民营化，是部分民营化的国有企业，其目标函数是社会福利和利润的加权平均[①]。

当本国政府宣布进口关税 t 时，本国民营企业选择产量 q_h 最大化自身利润：

_____

① 根据 Matsumura（1998）的研究，民营股份比例越高，国有企业的目标函数赋予利润的权重就越高。所以，θ 是关于的民营股份比例 s 的单调增函数 $\theta(s)$。特别地，$\theta(0) = 0$ 和 $\theta(1) = 1$。这就是说，当民营股份比例为零时，该企业是完全的国有企业；当民营股份比例为 1 时，该企业是完全的民营企业。

$$\prod_h = q_h(a - q_h - q_0 - q_f) - \frac{1}{2}k(q_h)^2 \qquad (7.4)$$

国外民营企业选择产量 q_f 最大化其利润函数：

$$\prod_f = q_f(a - q_0 - q_h - q_f) - \frac{1}{2}k(q_f)^2 - tq_f \qquad (7.5)$$

本国国有企业选择产量 q_0 最大化以下目标函数：

$$U_0 = (1 - \theta)W + \theta \prod_0 \qquad (7.6)$$

其中，W 表示社会福利，等于消费者剩余 $\left(CS = \frac{1}{2}(q_0 + q_h + q_f)^2 \right)$、

国有企业利润 $\prod_0 \left(= q_0(a - q_0 - q_h - q_f) - \frac{1}{2}k(q_0)^2 \right)$、民营企业利

润 $\prod_h$ 和关税收入 tq_f 四者之和。

采用逆向归纳法求解上述模型。

7.3　民营化对政府给予本国企业生产补贴的影响

在给定政府生产补贴的情况下，式（7.1）、式（7.2）和式（7.3）分别对 q_h、q_f 和 q_0 求一阶导数，令其等于零并进行整理，可得到本国民营企业、外国民营企业和本国国有企业的产量选择：

$$q_s^h = \frac{(2+k)s + a(k+\theta)}{k^2 + 2(1+\theta) + k(4+\theta)} \qquad (7.7)$$

$$q_s^f = \frac{a(1+k)(k+\theta) - s(k+2\theta+k\theta)}{(1+k)[k^2 + 2(1+\theta) + k(4+\theta)]} \qquad (7.8)$$

$$q_s^0 = \frac{a(1+k)(2+k-\theta) + (2+k)s[-1+(2+k)\theta]}{(1+k)[k^2 + 2(1+\theta) + k(4+\theta)]} \qquad (7.9)$$

把式（7.7）至式（7.9）分别代入式（7.1）和式（7.2），得到本国民营企业和外国民营企业的利润：

$$\prod_s^h = \frac{(2+k)[(2+k)s + a(k+\theta)]^2}{2[k^2 + 2(1+\theta) + k(4+\theta)]^2} \qquad (7.10)$$

$$\prod_s^f = \frac{(2+k)\left[a(1+k)(k+\theta)-s(k+2\theta+k\theta)\right]^2}{2(1+k)^2\left[k^2+2(1+\theta)+k(4+\theta)\right]^2} \quad (7.11)$$

基于此，我们得到如下命题。

命题 7.1 政府补贴的增加会带来本国民营企业产量、利润和市场份额的增加，同时带来外国民营企业产量、利润和市场份额的降低；还会引起总产量、价格和消费者剩余的增加。而只有当 $\frac{1}{(2+k)} < \theta < 1$ 时，政府补贴的增加才会带来本国国有企业产量的增加，其利润及市场份额与参数 k 有关。

政府给予本国企业补贴，相当于降低了本国企业的生产成本，弥补了生产效率低的差距，所以本国民营企业的供给增加，而本国生产成本的降低，使得国外企业的技术优势减弱，势必失去一部分市场，因而外国民营企业的产量和市场份额降低。有意思的是，国有企业的产量变化与企业的民营化程度有关。当民营化程度比较大时，国有企业对自身利润赋予的权重更大，即企业更在乎利润的影响，此时受政府补贴的影响，国有企业的反应函数向外移动，权重越大，向外移动的幅度越大，尤其当 $\theta = 1$ 时，国有企业只关心企业利润，此时与本国民营企业一样，在外国民营企业反应曲线不变的情况下，国有企业的产量提高；反之，当国有企业赋予利润的权重比较低时，国有企业更在乎社会福利，尤其当 $\theta = 0$ 时，国有企业只在乎社会福利，其目标为社会福利最大化，此时政府补贴不影响企业的反应函数，所以当企业民营化程度比较小时，政府补贴会带来国有企业产量的降低。

接着，把 q_s^h、q_s^f 和 q_s^0 代入社会福利函数 $W = \prod_s^0 + \prod_s^h + CS - s(q_s^0 + q_s^h)$，并对 s 求一阶导数并令其等于零，得出最大化社会福利的最优政府补贴 s^* 为：

$$s^* = \frac{\begin{array}{c} a(1+k)\left[6\theta^2 + 2k^3(1+\theta^2) + \right. \\ k^2(5-\theta+10\theta^2) + k(4-3\theta+15\theta^2)\left.\right] \end{array}}{\begin{array}{c} 12\theta^2 + k^5(1+\theta^2) + k^4(7+9\theta^2) + 2k^3(9+16\theta^2) \\ + k(8-4\theta+44\theta^2) + k^2(19-2\theta+55\theta^2) \end{array}} \quad (7.12)$$

式（7.12）对 θ 求一阶导数，可得出如下命题。

命题 7.2　政府补贴与民营化程度呈 U 型关系，即当 $0 < \theta < \theta^*$ 时[①]，推进民营化会减少政府补贴水平；当 $\theta^* < \theta < 1$ 时，推进民营化会增加政府补贴水平，当 $\theta = \theta^*$ 时，政府补贴最小。

命题 7.2 背后的经济直觉如下：政府补贴主要有两大影响，可分别称为成本转移效应（cost-shifting effect）和进口减少效应（importing-reduction effect）。成本转移效应是指在没有政府补贴时，完全国有化的国有企业的生产效率低于民营企业，其边际成本大于民营企业的边际成本，其生产的产量大于民营企业，所以市场份额比较大；当政府给予补贴后，产量进行重新分配，部分产量从高成本的完全国有化的国有企业转移到了低成本的民营企业，民营企业的产量份额变大（从上文分析可知政府补贴不影响社会福利）。进口效应是指本国政府给予补贴后，外国企业在本国市场的产量减少，从而扩大了本国企业的市场份额。在进行民营化后，国有企业目标函数变为社会福利和国有企业利润的加权和，当企业赋予企业利润较大权重，即民营化程度比较大时，国内民营企业和国有企业的生产技术比较接近，此时生产成本相近，成本转移效应大大减少，即从高成本国有企业转移到低成本本国民营企业的产量减少。民营化程度越大，成本转移效应减少越多，尤其当完全民营化后，国有企业与本国民营企业具有相同的生产成本，成本转移效应消失。另外，由于民营化带来本国企业总产量的减少以及外国企业产量的增加，所以民营化降低了进口减少效应。在国有企业民营化达到一定

---

① $\theta^* = \dfrac{k - 6k^2 - 5k^3 - k^4}{(2+k)(3+12k+7k^2+k^3)} + \sqrt{2}\sqrt{\dfrac{3k + 20k^2 + 38k^3 + 29k^4 + 9k^5 + k^6}{(3+12k+7k^2+k^3)^2}}$

程度后，政府更在意补贴带来的进口减少效应，因此，当民营化达到一定程度时，推进民营化会增加政府的补贴水平。

式（7.12）代入社会福利函数 $W = \prod_s^0 + \prod_s^h + CS - s(q_s^0 + q_s^h)$，对 θ 求一阶导数得到：

$$\frac{\partial W_s^*}{\partial \theta} = \frac{a^2 k^3 (1+k)(1-\theta)(k+2\theta+k\theta)}{[12\theta^2 + k^5(1+\theta^2) + k^4(7+9\theta^2) + 2k^3(9+16\theta^2) + k(8-4\theta+44\theta^2) + k^2(19-2\theta+55\theta^2)]^2} > 0$$

(7.13)

命题 7.3 当政府选定最优补贴后，推进国有企业民营化会带来本国社会福利的增加。

推进民营化会减少消费者剩余（$\partial CS/\partial \theta$）< 0，增加本国总生产者剩余，且增加幅度大于消费者剩余的减少幅度，所以本国社会福利增加。DeFraja 和 Delbono（1989）研究发现，在没有生产补贴时，只有民营企业数量足够多时，民营化才会带来社会福利的提高。笔者得出，在有政府补贴的情况下，即使民营企业数量很少，社会福利也会提高。

7.4 民营化对政府进口关税的影响

在给定政府进口关税的情况下，式（7.4）、式（7.5）、式（7.6）分别对 q_h、q_f 和 q_0 求一阶导数并令其等于零，可得到本国民营企业、外国民营企业和本国国有企业的产量：

$$q_t^h = \frac{t + a(k+\theta)}{k^2 + 2(1+\theta) + k(4+\theta)}$$

(7.14)

$$q_t^f = \frac{a(1+k)(k+\theta) - t[1+k^2+2\theta+k(3+\theta)]}{(1+k)[k^2+2(1+\theta)+k(4+\theta)]}$$

(7.15)

$$q_t^0 = \frac{a(1+k)(2+k-\theta) + t[-1+(2+k)\theta]}{(1+k)[k^2+2(1+\theta)+k(4+\theta)]}$$

(7.16)

把式（7.14）至式（7.16）分别代入式（7.4）和式（7.5），得到本国民营企业和外国民营企业的利润分别为：

$$\prod{}_t^h = \frac{(2+k)\left[t+a(k+\theta)\right]^2}{2\left[k^2+2(1+\theta)+k(4+\theta)\right]^2} \tag{7.17}$$

$$\prod{}_t^f = \frac{(2+k)\{a(1+k)(k+\theta)-t\left[1+k^2+2\theta+k(3+\theta)\right]\}^2}{2(1+k)^2\left[k^2+2(1+\theta)+k(4+\theta)\right]^2} \tag{7.18}$$

命题7.4 政府进口关税的增加带来本国民营企业产量、利润和市场份额的增加，以及外国民营企业产量、利润和市场份额的减少；当 $1/(2+k)<\theta<1$ 时，政府进口关税的增加带来本国国有企业产量、利润和市场份额的增加。

政府增加进口关税后，相当于增加了外国企业的生产成本，使得国外企业的技术优势减弱，势必失去一部分市场，所以其产量和市场份额降低。对国有企业产量的影响与企业的民营化程度有关。当民营化程度比较大时，国有企业对利润赋予的权重更大，即国有企业更在乎企业利润的影响，国有企业的反应函数向内移动越大，尤其当 $\theta=1$ 时，国有企业只在乎企业利润，此时与本国民营企业一样，由于受政府进口关税的影响，在外国民营企业反应曲线向内移动的情况下，国有企业的产量会提高。

接着，把 q_t^h、q_t^f 和 q_t^0 代入社会福利函数 $W=\prod{}_t^0+\prod{}_t^h+CS+tq_t^f$，对 t 求一阶导数并令其等于零，得出最大化社会福利的最优政府关税 t^* 为：

$$t^*=\frac{a(1+k)\left[k^4+2k^3(2+\theta)+\theta(1+4\theta)+k^2(5+6\theta+3\theta^2)+k(3+3\theta+8\theta^2)\right]}{3+2k^5+8\theta+8\theta^2+k^4(15+4\theta)+3k^3(13+8\theta+\theta^2)+4k(5+8\theta+5\theta^2)+2k^2(21+23\theta+7\theta^2)} \tag{7.19}$$

式（7.19）对 θ 求一阶导数，得到如下命题。

命题7.5 国有企业民营化程度对政府最优进口关税的影响不确定，其作用方向与国有企业民营化程度及参数 k 有关。

政府进口关税最主要和直接的影响是进口减少效应（importing-reduction effect），进口关税的提高，扩大了本国企业的市场份额。另外，进口关税增加了本国国有企业的产量，而只有当 $0 < \theta < 1/(2+k)$ 时，国有企业的产量才会减少，说明此时有成本转移效应，因为进口关税的增加使得本国产量从高成本的国有企业转移到了低成本的民营企业。θ 对进口关税的影响主要体现在成本转移效应上，而成本转移效应与国有企业和民营企业间的成本差距以及民营化程度有关，所以民营化对进口关税的影响不确定。

把式（7.19）代入社会福利函数 $W = \prod_t^0 + \prod_t^h + CS + tq_t^f$，得到：

$$W_t^* = \frac{a^2\left[3 + 5k^4 + 8\theta + 6\theta^2 + 2k^3(12+5\theta) + k^2(31+36\theta+3\theta^2) + k(17+30\theta+11\theta^2)\right]}{2\left[3 + 2k^5 + 8\theta + 8\theta^2 + k^4(15+4\theta) + 3k^3(13+8\theta+\theta^2) + 4k(5+8\theta+5\theta^2) + 2k^2(21+23\theta+7\theta^2)\right]}$$

(7.20)

式（7.20）对 θ 求一阶导数可得到如下命题。

命题7.6 社会福利与民营化程度呈倒 U 型关系，当 $0 < \theta < \dfrac{3k+5k^2+k^3}{2+9k+11k^2+3k^3}$ 时，国有企业民营化程度与社会福利正相关；当 $\dfrac{3k+5k^2+k^3}{2+9k+11k^2+3k^3} < \theta < 1$ 时，国有企业民营化程度与社会福利反向相关；当 $\theta = \dfrac{3k+5k^2+k^3}{2+9k+11k^2+3k^3}$ 时，社会福利达到最大。

推进民营化会减少消费者剩余，即 $(\partial CS/\partial\theta) < 0$，增加本国总生产者剩余和关税收入，且增加幅度大于消费者剩余减少的幅度，所以本国总社会福利增加。而前者减少的幅度与后者增加的幅度均与民营化程度有关，所以社会福利的最终变化趋势与民营化程

度有关。当民营化程度比较小时，消费者剩余的减少幅度小于生产者剩余和关税收入的增加幅度，所以总的社会福利提高，反之社会福利降低。

要得出政府会选择补贴政策还是进口关税政策，需要比较实行政府补贴下的社会福利和实行进口关税下的社会福利。通过计算我们得到：

$$
W_s^* - W_t^* = \frac{1}{2}a^2 \left(
\begin{array}{c}
-\dfrac{\begin{array}{c}3 + 5k^4 + 8\theta + 6\theta^2 + 2k^3(12 + 5\theta) \\ + k^2(31 + 36\theta + 3\theta^2) + k(17 + 30\theta + 11\theta^2)\end{array}}{\begin{array}{c}3 + 2k^5 + 8\theta + 8\theta^2 + k^4(15 + 4\theta) + 3k^3(13 + \\ 8\theta + \theta^2) + 4k(5 + 8\theta + 5\theta^2) + 2k^2(21 + 23\theta + 7\theta^2)\end{array}} \\[4em]
+\dfrac{\begin{array}{c}12\theta^2 + 2k^4(1 + \theta^2) + k^3(11 + 15\theta^2) + \\ k^2(15 + 37\theta^2) + k(8 - 4\theta + 38\theta^2)\end{array}}{\begin{array}{c}12\theta^2 + k^5(1 + \theta^2) + k^4(7 + 9\theta^2) + 2k^3(9 + 16\theta^2) \\ + k(8 - 4\theta + 44\theta^2) + k^2(19 - 2\theta + 55\theta^2)\end{array}}
\end{array}
\right)
$$

$$(7.21)$$

由式（7.21）可知，在部分民营化的情况（$0 < \theta < 1$）下，当 $k > k^*$ 时①，选择进口关税要优于选择生产补贴。

7.5 模 型 扩 展

在本节，我们将内生化民营化程度的选择，把原来的两阶段模型扩展为如下的三阶段博弈模型：第一阶段，本国政府需要选择最优民营化程度以最大化社会福利。第二阶段，在给定民营化程度的条件下，本国政府宣布贸易工具即给予本国出口企业单位出口产量补贴 s 或对外国进口企业施行的进口关税税率 t，政府的目标是使用贸易政策实现本国社会福利最大化。第三阶段，所有企业同时选

---

① $k^* \approx 1.294$。

择产量，实现各自目标函数的最大化。我们同样采用逆向归纳法进行求解。

第三阶段与第二阶段的结果和基本模型相同，所以本节直接分析第一阶段。

当政府选择补贴作为贸易政策时，由式（7.13）可知，政府会选择 $\theta = 1$，即通过完全的民营化实现社会福利最大。当 $\theta = 1$ 时，政府给予的补贴为：

$$s_p = \frac{a(3 + 5k + 2k^2)}{6 + 12k + 6k^2 + k^3} \tag{7.22}$$

式（7.22）对 k 求一阶导数，得出政府补贴与成本参数 k 呈反向关系。

此时，相应的社会福利为：

$$W_s^* = \frac{a^2(6 + 9k + 2k^2)}{2(6 + 12k + 6k^2 + k^3)} \tag{7.23}$$

当政府实施进口关税时，由命题7.6可知，政府会选择 $\theta = \dfrac{3k + 5k^2 + k^3}{2 + 9k + 11k^2 + 3k^3}$ 以最大社会福利。此时，最优的进口关税为：

$$t^* = \frac{ak(1 + k)(3 + 3k + k^2)}{2 + 17k + 27k^2 + 13k^3 + 2k^4} \tag{7.24}$$

式（7.22）对 k 求一阶导数，得出政府最优的进口关税与成本参数 k 呈正向关系。而此时的社会福利为：

$$W_t^* = \frac{a^2(2 + 15k + 19k^2 + 5k^3)}{4 + 34k + 54k^2 + 26k^3 + 4k^4} \tag{7.25}$$

比较式（7.23）与式（7.25）有：

$$W_t^* - W_s^* = \frac{a^2 k(1 + k)^2(-6 - k + 3k^2 + k^3)}{2(6 + 12k + 6k^2 + k^3)(2 + 17k + 27k^2 + 13k^3 + 2k^4)} \tag{7.26}$$

由式（7.26）可知，当且仅当 $k > \dfrac{1}{2}(-1 + \sqrt{13})$ 时，政府会选择

进口关税政策。

7.6 结　　语

本章分析了民营化和政府贸易政策的相互作用及其对社会福利的影响。从命题7.3和命题7.5可知，民营化的实施与贸易政策息息相关：政府补贴和进口关税。这个结论对实行对外开放及正在进行民营化改革的中国而言具有十分重要的现实意义。

在考虑部分民营化的前提下，本章通过考虑政府补贴和进口关税下的国际混合寡头模型，探讨民营化和贸易政策之间的相互关系问题，并得出以下有意义的结论。首先，在政府提供生产补贴的情况下，尽管推进民营化会降低消费者剩余和本国企业利润，但还是会带来社会福利的提高。在采用进口关税贸易政策时，社会福利与民营化程度呈倒U型关系，当民营化程度小于一定程度时，民营化程度的加深会提高社会福利，反之，社会福利会降低，且在完全民营化下的社会福利低于完全国有化下的社会福利。其次，考虑到贸易政策本身的性质，不同程度的民营化对贸易政策有不同的影响。在采用政府补贴作为贸易政策时，民营化程度与政府补贴呈U型关系，且完全民营化时的政府补贴要低于完全国有化时的政府补贴。在采用进口关税作为贸易政策时，民营化对贸易政策的影响与成本参数值 k 有关，且在完全民营化下的进口关税大于完全国有化下的进口关税。最后，政府补贴和进口关税下社会福利的大小关系与参数值 k 有关。

本章的结论对于中国具有重要的政策意义：政府在选择贸易政策时，需要考虑民营化的影响。当成本参数足够大时，对政府而言，进口关税是最优的贸易政策，反之，对相对较小的成本参数而言，政府补贴是最优选择。因为政府补贴对本国产量的促进作用大于对进口产量的削减作用，而进口关税对进口产量的作用比较大，当成本参数比较大时，提高本国产量的代价比较高，而进口关税则可避免高估本国产量，所以进口关税是最优选择。

本章模型仅探讨了一个本国国有企业、一个外国民营企业和一个本国民营企业的情况，未来的研究可以扩展到 m 个本国民营企业和 n 个外国国有企业，再或者包含外国国有企业的情况。

主要参考文献

1. 林毅夫：《中国国有企业改革的回顾与展望》，北京大学中国经济研究中心讨论稿，2000 年。

2. 王梦奎：《中国经济转轨二十年》，外文出版社 1999 年版。

3. 吴敬琏：《当代中国经济改革：战略与实施》，上海远东出版社 1999 年版。

4. 李平、崔喜君、刘建：《中国自主创新中研发资本投入产出绩效分析——兼论人力资本和知识产权保护的影响》，载《中国社会科学》2007 年第 2 期。

5. 倪海青、张岩贵：《知识产权保护、FDI 技术转移与自主创新》，载《世界经济研究》2009 年第 9 期。

6. 孙群燕、李杰、张安民：《寡头竞争情形下的国企改革——论国有股份比重的最优选择》，载《经济研究》2004 年第 1 期。

7. 叶光亮、邓国营：《最优关税和部分民营化战略——产品差异的混合寡头模型》，载《经济学（季刊）》2010 年第 9 期。

8. 张军、罗长远、冯俊：《市场结构、成本差异与国有企业的民营化进程》，载《中国社会科学》2003 年第 5 期。

9. Bai, C. , D. D. Li, Z. Tao and Y. Wang（2000）, *A Multitask Theory of State Enterprise Reform*, Journal of Comparative Economics, 28, pp. 716 – 738.

10. Bai, C. , Li, D. , and Wang, Y. （1997）, *Enterprise Productivity and Efficiency: When is Up Really Down?*, Journal of Compara-

tive Economics, 24, pp. 265 – 280.

11. Bai, C. , Li, D. , Tao, Z. and Wang, Y. (2001), *A Multi-task Theory of State Enterprise Reform*, Journal of Comparative Economics, 32, pp. 716 – 738.

12. Banal-Estañol, A. , I. Macho-Stadler and J. Seldeslachts (2008), *Endogenous Mergers and Endogenous Efficiency Gains*: *The Efficiency Defence Revisited*, International Journal of Industrial Organization, 26, pp. 69 – 91.

13. Bárcena-Ruiz, J. C. and M. B. Garzón (2003), *Mixed Duopoly*, *Merger and Multiproduct Firms*, Journal of Economics, 80, pp. 27 – 42.

14. Baron, D. and R. Myerson (1982), *Regulating a monopolist with unknown costs*, Econometrica, 50, pp. 911 – 930.

15. Barros, P. P. (1998), *Endogenous Mergers and Size Asymmetry of Merger Participants*, Economics Letters, 60, pp. 113 – 119.

16. Bennett, J. and J. Maw (2003), *Privatization*, *partial state ownership*, *and competition*, Journal of Comparative Economics, 31, pp. 58 – 74.

17. Bernheim, D. and Whinston, D. (1986), *Menu auctions*, *resource allocation*, *and economic influence*, Quarterly Journal of Economics, 101, pp. 1 – 31.

18. Bjorvatn, K. and T. Søreide (2005), *Corruption and Privatization*, European Journal of Political Economy, 21, pp. 903 – 914.

19. Bombardini, M. (2008), *Firm heterogeneity and lobby participation*, Journal of International Economics, 75, pp. 329 – 48.

20. Bombardini, M. and Trebbi, F. (2009), *Competition and political organization*: *together or alone in lobbying for trade policy*? NBER Working Paper No. 14771.

主要参考文献

21. Bos, D. (1986), Public Enterprise Economics, Amsterdam: North-Holland.

22. Bos, D. (1991), Privatization: A Theoretical Treatment, Oxford: Clarendon Press.

23. Brada, J. C. (1996), *Privatization Is Transition, or Is It?* Journal of Economic Perspectives, 10, pp. 67 –86.

24. Brainard, S. L. , and D. Martimort (1992), *Strategic trade policy with incomplete informed policymakers.* NBER Working Papers No. 4069.

25. Brandt, L. and Li, H. (2003), *Bank discrimination in transition economies: ideology, information, or incentives?* Journal of Comparative Economics, 31, pp. 387 –413.

26. Caillaud, B. , R. Guesnerie, P. Rey, and J. Tirole (1985), *The normative economics of government intervention in production in the light of incentive theory: A review of recent contributions*, Rand Journal of Economics, 19, pp. 1 –26.

27. D'Souza, J. , W. Megginson and R. Nash (2007), *The Effect of Changes in Corporate Governance and Restructuring on Operating Performance: Evidence from Privatizations*, Global Finance Journal, 18, pp. 157 –184.

28. Dapeng Cai, and Jie Li (2012), *Quid pro quo and the enforcement of intellectual property rights protection: A bargaining approach.* The Journal of International Trade & Economic Development: An International and Comparative Review, 21, pp. 755 –772.

29. De Fraja, G. and F. Delbono (1987), *Oligopoly, Public Firm, and Welfare Maximization: A Game-theoretic Analysis*, Giornale degli Economist Annali di Economic, 46, pp. 417 –435.

30. De Fraja, G. and F. Delbono (1989), *Alternative Strategies of*

a Public Enterprise in Oligopoly, Oxford Economic Papers, 41, pp. 302 – 311.

31. De Fraja, G. and F. Delbono (1990), *Game Theoretic Models of Mixed Oligopoly*, Journal of Economic Surveys, 4, pp. 1 – 17.

32. Dixit, A. (1986), *Comparative Statics for Oligopoly*, International Economic Review, 27, pp. 107 – 122.

33. Faccio, M. (2006), *Politically connected firms*, American Economic Review, 96, pp. 369 – 386.

34. Financial Times (2002), *Beijing Backs Away from State Shares Sell-off*, Financial Times, June 25.

35. Fjell, K. and S. Heywood, 2004, *Mixed oligopoly, subsidization and the order of firm's moves: the relevance of privatization*, Economics Letters, 83, pp. 411 – 416.

36. Frydman, R. , A. Rapaczynski and T. Joel (1998), *Transition to a Private Property Regime in the Czech Republic and Hungary*, in Woo, W. T. , S. Parker and J. D. Sachs, eds. , Economics in Transition, London: MIT Press, pp. 41 – 101.

37. Fujiwara, K. (2007), *Partial privatization in a differentiated mixed oligopoly*, Journal of Economics, 92, pp. 51 – 65.

38. Grossman, G. M. and E. Helpman (1994) *Protection for Sale*, American Economic Review, 84, pp. 833 – 850.

39. Groves, T. , Hong, Y. , McMillan, J. , and Naughton, B. (1994), *Autonomy and Incentives in Chinese State Enterprises*, Quarterly Journal of Economics, 109, pp. 183 – 209.

40. Harris, R. G. and E. G. Wiens (1980), *Government Enterprise: An Instrument for the Internal Regulation of Industry*, Canadian Journal of Economics, 13, pp. 125 – 132.

41. Horn, H. and L. Persson (2001), *Endogenous Mergers in*

Concentrated Markets, International Journal of Industrial Organization, 19, pp. 1213 – 1244.

42. Jefferson, G. . H. and Xu, W. (1991), *The Impact of Reform on Socialist Enterprises in Transition*: *Structure, Conduct, and Performance in Chinese Industry*, Journal of Comparative Economics, 15, pp. 45 – 64.

43. Kalirajan, K. P. and Zhao, S. (1997), *Did the Technical Efficiency of State Enterprises Improve with the Same Speed in All Provinces in China*, Applied Economics, 29, pp. 45 – 64.

44. Kato, K. and Y. Tomaru, (2007), *Mixed oligopoly, privatization, subsidization, and the order of firms' moves*: *Several types of objectives*, Economics Letters, 96, pp. 287 – 292.

45. Kikeri, S. and V. Phipps (2008), *Privatization trends*: *A record year for initial public offering in* 2007, Public Policy for the Private Sector, 321, pp. 1 – 4.

46. Kikeri, S. and V. Phipps (2008), *Privatization trends*: *A record year in* 2006, Public Policy for the Private Sector, 317, pp. 1 – 4.

47. Laffont, J-J. and D. Martimort (2002), The Theory of Incentives: The Principal-Agent Model (Princeton University Press) .

48. Laffont, J-J. and J. Tirole (1986), *Using cost observation to regulate firms*, Journal of Political Economy, 94, pp. 614 – 641.

49. Laffont, J-J. and J. Tirole (1993), A theory of incentives in regulation and procurement (MIT Press, Cambridge, Mass) .

50. Lai, E. L-C. , and L. D. Qiu. (2003), *The North's intellectual property rights standard for the South?* Journal of International Economics, 59, pp. 183 – 209.

51. Lee, S. -H. (2006), *Welfare-improving Privatization Policy in the Telecommunications Industry*, Contemporary Economic Policy,

24, pp. 237 – 248.

52. Lee, S. -H. and H. -S. Hwang (2003), *Partial Ownership for the Public Firm and Competition*, Japanese Economic Review, 54, pp. 324 – 335.

53. Levine, T. and K. Woodard (2006), *The New Face of Chinese M&A*, Far Eastern Economic Review, April 1, 2006.

54. Li, H. , and Wang, Q. (2005), *Partial privatization and screening*. Applied Economics Letters, 12, pp. 653 – 655.

55. Li, H. , Meng, L. and Zhang, J. (2006), *Why do entrepreneurs enter politics? Evidence from China*, Economic Inquiry, 44, pp. 559 – 78.

56. Li, J. and Zhang, A. (2003), *WTO Accession and China's Domestic Regional Liberalization: A Theoretical Analysis*, Pacific Economic Review, 8, pp. 127 – 141.

57. Li, S. , Li, S. and Zhang, W. (2000), *The Road to Capitalism: Competition and Institutional Change in China*, Journal of Comparative Economics, 28, pp. 269 – 292.

58. Li, W. (1997), *The Impact of Economic Reform on the Performance of Chinese State Enterprises*, Journal of Political Economy, 105, pp. 1080 – 1106.

59. Lin, J. Y. (2000), *China's State-Owned Enterprises' Reform: Review and Prospect*, Working paper, China Center for Economic Research, Peking University, Beijing. (in Chinese)

60. Lu, D. and Tang, Z. (1997), State Intervention and Business in China, Cheltenham, UK: Edward Elgar.

61. Maggi, G. and A. Rodríguez-Clare (1998), *The Value of Trade Agreements in the Presence of Political Pressures*, Journal of Political Economy, 106, pp. 574 – 601.

62. Mansfield, M. (1994), *Intellectual property protection, foreign direct investment, and technology transfer*, Washington, DC: International Finance Corporation.

63. Matsumura, T. (1998), *Partial Privatization in Mixed Duopoly*, Journal of Public Economics, 70, pp. 473 – 483.

64. Matsumura, T. (2003), *Endogenous Role in Mixed Markets: a Two Production Period Model*, Southern Economic Journal, 70, pp. 403 – 413.

65. Matsumura, T. , and Kanda, O. (2005), *Mixed Oligopoly at Free Entry Markets*, Journal of Economics, 84, pp. 27 – 48.

66. Megginson, W. (2005), The Financial Economics of Privatization. New York: Oxford University Press.

67. Megginson, W. and J. Netter (2001), *From State to Market: A Survey of Empirical Studies on Privatization*, Journal of Economic Literature, 39, pp. 321 – 390.

68. Megginson, W. and N. Sutter (2006), *Privatization in Developing Countries*, Corporate Governance, 14, pp. 234 – 265.

69. Megginson, W. , R. Nash and J. Netter (2004), *The Choice of Private versus Public Capital Markets: Evidence from Privatizations*, Journal of Finance, 59, pp. 2835 – 2870.

70. Megginson, W. , R. Nash and M. Randenborch (1994), *The Financial and Operating Performance of Newly Privatized Firms: An International Empirical Analysis*, Journal of Finance, 49, pp. 403 – 452.

71. Merrill, W. and N. Schneider, (1966), *Government Firms in Oligopoly Industries: A Short-run Analysis*, Quarterly Journal of Economics, 80, pp. 400 – 412.

72. Myles, G. , (2002), *Mixed oligopoly, subsidization and the order of firm's moves: an irrelevance result for the general case*, Econom-

ics Bulletin, 12, pp. 1 – 6.

73. Naghavi, A. (2007), *Strategic intellectual property rights policy and the North-South technology transfer*, Weltwirtschaftliches Archiv/Review of World Economics, 143, pp. 55 – 78.

74. Naghavi, A. and Tsai Yingyi (2013), *Cross-border intellectual property rights: contract enforcement and absorptive capacity*, Working paper.

75. Nilssen, T. and L. Sorgard (1998), *Sequential Horizontal Mergers*, European Economic Review, 42, pp. 1683 – 1702.

76. OECD (Organisation for Economic Co-operation and Development) (2005). Corporate Governance of State-Owned Enterprises: A Survey of OECD Countries, Paris: OECD.

77. Poyago-Theotoky, J. (2001), *Mixed oligopoly, subsidization and the order of firm's moves: an irrelevance result*, Economics Bulletin, 12, pp. 1 – 5.

78. Qiu, L. D. (2004), *Lobbying, multisector trade, and sustainability of free-trade agreements*, Canadian Journal of Economics, 37, pp. 1061 – 83.

79. Qiu, L. D. and W. Zhou (2007), *Merger Waves: A Model of Endogenous Mergers*, Rand Journal of Economics, 38, pp. 214 – 226.

80. Ramamurti, R. (1999), *Why Haven't Developing Countries Privatized Deeper and Faster*, World Development, 27, pp. 137 – 155.

81. Salant, S. W. , S. Switzer and R. J. Reynolds (1983), *Losses Due to Merger: The Effects of an Exogenous Change in Industry Structure on Cournot-Nash Equilibrium*, Quarterly Journal of Economics, 98, pp. 185 – 199.

82. Schleifer, A. and Vishny, R. W. (1997), *A Survey of Corporate Governance*, Journal of Finance, 52, pp. 737 – 783.

83. Shapiro, C. (1989), *Theories of Oligopoly Behavior*, in R. Schmalensee and R. Willig (eds.), The Handbook of Industrial Organization, Amsterdam: North-Holland.

84. Shleifer, A. (1998), *State versus Private Ownership*, Journal of Economic Perspectives, 12, pp. 133 – 150.

85. Shleifer, A. and R. Vishny (1998), The Grabbing Hand. Cambridge, UK: Harvard University Press.

86. Steinfeld, E. S. (1998), Forging Reform in China: The Fate of State-owned Industry, Cambridge: Cambridge University Press.

87. Tirole, J. (1988), The Theory of Industrial Organization, Cambridge, MA: MIT Press.

88. Tomaru, Y., (2006), *Mixed oligopoly, partial privatization and subsidization*, Economics Bulletin 12, pp. 1 – 6.

89. Vives, X. (1984). Duopoly information equilibrium: Cournot and Bertrand, *Journal of Economic Theory*, 34, pp. 71 – 94.

90. Wang, M. K. (1999), The Twenty Years of China's Economic Transition, Beijing: Foreign Language Press. (in Chinese)

91. White, M., (1996), *Mixed oligopoly, privatization and subsidization*, Economics Letters, 53, pp. 189 – 195.

92. White, M., (2002), *Political manipulation of a public firm's objective function*, Journal of Economic Behavior & Organization, 49, pp. 487 – 499.

93. Wu, J. L. (1999), China's Contemporary Economic Reform: Strategies and Implementations, Shanghai: Far Eastern Press. (in Chinese)

94. Yu, Z. (2000) *A Model of Substitution of Non-tariff Barriers for Tariffs*, Canadian Journal of Economics, 33, pp. 1069 – 1090.

95. Zhang, A. and Zhang, Y. (1996), *Stability of a Cournot-*

Nash Equilibrium: *The Multi-product Case*, Journal of Mathematical Economics, 26, pp. 441 – 462.

96. Zhang, A. , Zhang, Y. and Zhao, R. (2001), *Impact of Ownership and Competition on the Productivity of Chinese Enterprises*, Journal of Comparative Economics, 29, pp. 327 – 346.

97. Zhang, A. , Zhang, Y. and Zhao, R. (2002), *Profitability and Productivity of Chinese Industrial Firms*: *Measurement and Owner-ship Implications*, China Economic Review, 13, pp. 65 – 88.

98. Zhang, W. (1997), *Decision Rights*, *Residual Claim and Performance*: *A Theory of How the Chinese State Enterprise Reform Works*, China Economic Review, 8, pp. 67 – 82.

99. Zhu, T. (1999), *China's Corporatization Drive*: *An Evalua-tion and Policy Implication*, Contemporary Economic Policy 17, pp. 530 – 539.

100. Žigić, K. (2000), *Strategic trade policy*, *intellectual prop-erty rights protection*, *and North-South trade*, Journal of Development Economics, 61, pp. 27 – 60.

101. Žigić, K. (1998), *Intellectual property rights violations and spillovers in North-South trade*, European Economic Review, 42, pp. 1779 – 1799.